U0463879

川省委党校蜀光法律文库

市域社会治理现代化下
社区治理的法治优化研究

胡业勋 / 著

四川大学出版社
SICHUAN UNIVERSITY PRESS

图书在版编目（CIP）数据

市域社会治理现代化下社区治理的法治优化研究 /
胡业勋著 . — 成都：四川大学出版社，2023.12
（四川省委党校蜀光法律文库）
ISBN 978-7-5690-5955-7

Ⅰ．①市… Ⅱ．①胡… Ⅲ．①社区－社会主义法制－
研究－中国 Ⅳ．① D920.0

中国国家版本馆 CIP 数据核字（2023）第 017870 号

书　　　名：市域社会治理现代化下社区治理的法治优化研究
　　　　　　Shiyu Shehui Zhili Xiandaihua xia Shequ Zhili de Fazhi Youhua Yanjiu
著　　　者：胡业勋
丛 书 名：四川省委党校蜀光法律文库

选题策划：蒋姗姗
责任编辑：蒋姗姗　谢　鋬
责任校对：曹雪敏
装帧设计：墨创文化
责任印制：王　炜

出版发行：四川大学出版社有限责任公司
　　　　　地址：成都市一环路南一段 24 号（610065）
　　　　　电话：（028）85408311（发行部）、85400276（总编室）
　　　　　电子邮箱：scupress@vip.163.com
　　　　　网址：https://press.scu.edu.cn
印前制作：四川胜翔数码印务设计有限公司
印刷装订：四川省平轩印务有限公司

成品尺寸：148 mm×210 mm
印　　张：5.5
字　　数：145 千字

版　　次：2023 年 12 月 第 1 版
印　　次：2023 年 12 月 第 1 次印刷
定　　价：58.00 元

扫码获取数字资源

四川大学出版社
微信公众号

/序

　　胡业勋教授的新作《市域社会治理现代化下社区治理的法治优化研究》，聚焦社区治理的"小切口"来探索社会治理的"大课题"，为加快推进社会治理现代化、深入开拓中国式现代化新道路提供了直观视角、基层经验和优化方法。

　　社会治理现代化既是中国式现代化的重要内容，也是全面建设社会主义现代化国家的必然要求。随着社会观念的变迁和新兴技术的迭代，城市化、市场化、工业化的深入铺开，市域治理的难度、广度和深度都有相当程度的提升。社区作为社会治理的微观单元，治理的成效、法治化的程度，直接关系到居民的获得感、幸福感、安全感。因此，近年来学界对社会依法治理的研究日趋繁密，运用法治方式进行社区治理成为需要进深拓展的方向。本书直面市域社会治理现代化的问题，关注人口流动性加强、社会风险交织、社会矛盾加剧等社会治理的"疑难杂症"，探索如何运用法治方式让社区治理卓有成效、让社会治理在法治轨道上运行，彰显了充分的理论和实践价值，具有极强的开拓性、前沿性与实践性。

　　本书有着坚实的实证基础、完备的理论体系、有效的方法进路。从书中的实证案例来看，没有落入以理论工具"硬嵌"社区治理实际的窠臼，而是在广泛、充分的调研基础上进行归纳、提炼、总结，进而展开与市域社会治理现代化相关理论的融合对接，分类整理出涉农社区、生产型社区、民族社区、流动人口社区这 4 个不同类型社区的主要问题，点对点、面对面地对各类型社区治理的问题进行针对性总结；从书中的理论胪列和研究述评来看，对市域社会治理现代化的宏观命题和时代内涵都进行了细致的梳理，并更进一步地探索市域社会治理现代化与社区治理法治化两者的良性关系，指出社区治理和社会治理两个领域的制度助力和目标升格，是当前学界关于市域社会治理及社区治理研究的创新性命题；从书中的对策回应来看，本书总结了复合自治、特色治理、专项治理并深入论述多元共治的治理范式，而基于社区治理整体情况而建构的评估指标和效能评估模型更是融合了多学科门类的知识，探索如何对社区治理整体成效进行"全息"呈现，有效破除运动式治理、碎片化治理、权宜性治理。胡业勋教授长期关注政府依法行政、社会依法治理，社区正是行政权力与居民自治权利高度交织的场域。他在本书中综合运用宪法学、行政法学及管理学、社会学的知识，重点关照了社区治理从法律文本到运行制度再到内生秩序的递次优化，完成了理论工具与治理实务的融合对接。本书还丰富了社区治理法治化的研究进路，拓展了市域社会治理现代化的基层视野，为"中国式社会治理现代化"提供了有效的理论先导和实践助益。

是为序。

李　勇

中共中央党校（国家行政学院）教授、

博士生导师

目录
CONTENTS

导　论

一、研究基础与问题提出

随着城镇化程度不断提高，人流、物流、信息流向城市集聚，市域社会面临着日益复杂严峻的治理形势。党的十九届四中全会吸纳此理念并明确提出"加快推进市域社会治理现代化"，党的十九届五中全会则进一步提出"加强和创新市域社会治理，推进市域社会治理现代化"①，从顶层视角对市域社会治理进行了目标升格和理念升华。

较之于地域辽阔、人口众多的省域，市域在国家治理体系和治理结构中处于承上启下的关键层级，对中央和省级层面的决策部署传导至县乡基层具有不可或缺的枢纽作用。而较之于行政区划较小、特征性过强的区县，市域则具有较为完备的社会治理体系且城市化程度也较高，既面临着错综复杂的社会治理风险，也

---

① 李学斌，黄晓星. 社区秩序形态的变迁与元治理秩序的形构——基于 Z 市两个住宅小区的案例研究 [J]. 学术论坛，2021，44（3）：87-98.

具备着统筹资源、构建制度以解决社会治理中重大矛盾问题的能力。有鉴于此，重视市域层面社会治理的理论与实践研究，才能更好地防控和化解各类社会矛盾纠纷，促进新形势下市域社会治理理念、治理体系、治理能力的多维提升。

社区是市域社会治理最为基本的组织单元，社区治理则是市域社会治理现代化进程中不容忽视、不可或缺的关键环节。党的十九届四中全会提出了"构建基层社会治理新格局"的战略目标，充分阐明了市域社会治理的重心在基层，落脚点也在基层。[①] 社区作为基层治理一线，必须依靠法治筑基、规则护航，实现社区治理的法治优化。当前城市社区治理的法治化进路存在模式僵化、理念偏差和范围狭窄等诸多问题，呈现"非对称性"的社区治理状态，并且社会治理法治进路的展开停留于"回应性"的表面，缺乏建构性的有机思考。新形势下，面对网络化、城镇化以及国内国际变化等因素对社区治理的一系列社会冲击，需要做出系统性、整体性、规范化、制度化的"建构性"法治应对，社区治理的阶段应从"政府管理"和"民众自治"走向基层共治。

基于此，如何厘清市域社会治理现代化下社区治理的法治优化理论根脉，找寻市域范围内不同社区的类型化特征，解析当前市域社会治理在社区治理层面的症结与难点并给出于法有据、行之有效的法治优化策略，成为亟待解决的极具现实意义的问题。申言之，市域社会治理现代化下的法治优化，能弥合法治刚性、治理韧性之间的张力，从而将各类制度和治理资源供给下沉到基层，为社区成员提供更为精准规范的服务的同时还可以及时发现

---

① 唐鸣，杨婷. 基层社会治理现代化、城乡一体化与"两委"组织法的修订 [J]. 江汉论坛，2021（6）：123－129.

各种风险隐患，从而将矛盾化解在基层，助益实现人民安居乐业，社会长治久安。

二、成果评述与学术脉络

（一）国外研究成果评述

社区治理及社区治理法治化的研究发端于欧美国家。相较于我国自上而下的"下沉式"治理，西方国家的治理模式更多呈现出自下而上的"上升式"治理，因此对于个体集合的社区较为关注。"社区"一词最早是由滕尼斯于《共同体与社会》一书中提出，即"社区是一定限定范围内基于自然意志形成的社会有机聚集体"①。根据课题组掌握的文献，国外有关社区治理的研究主要从以下维度展开。

首先是关涉社区治理的基本要义和基础理论的研究。主要有三种流派：一是"社区失落论"，这一学说认为城市的快节奏会给居民带来心理负重，个人间的猜忌会聚合成社区风险，因此社区治理要关注个体利益的平衡、分配与联结；二是"社区继存论"，该观点指出，社区因其特殊的人口特性会有着不同的生活方式，社区治理要考量这种承继的社区特质来进行针对性治理；三是"社区解放论"，有些学者认为对于社区的治理要从地域和场所的局限中解放出来，接触和结交更多的治理场域，完成多元

---

① 斐迪南，滕尼斯. 共同体与社会：纯粹社会学的基本概念［M］. 林荣远，译，北京：北京大学出版社，2010：2.

化和协同化的升华。①

其次是有关社区治理的方式、职能、类型等运行路径的反思。主要有以下几种维度：一是以创新的思维去构筑社区治理的模式，提出社区治理网络化的模式，将社区同政府、组织和利益构建彼此交互的多元关系网，借以推动社区治理模式的创新；二是以公民参与为切入点去展开社区治理的研究，认为社区的决策是多种力量共同作用的结果，公民不仅是公共服务的消费者，还应是公共服务的决策者，要保证公民参与社区治理的途径和机制；三是从国家政策的视角反思社区的多元治理，认为社区治理要从基于行政区划（如州政府）的治理向基于网络的治理转变，并将这种发展总结为"没有政府的治理"②。

最后是直接着眼于社区治理领域内法治优化路径的研究。受制于西方传统的治理理念和思维模式，长期以来"精英论"和"多元论"都是国外学者所提倡的观点。前者认为社区治理的政治权力并非归属于各类社区民众，而是归属于少量的社区精英；后者认为地方社区的政治权力应归属于社区各类人群，因此社区治理的法治化也要以此为出发点推进。但总体来说，基于现有政治体制的影响，西方社区更多被学者作为较为独立的实体去研究。

（二）国内研究成果评述

在我国，"社区"一词最早是由费孝通先生翻译并定义的，

---

① 陈华珊，祝敏. 地域与关系：都市移民的共居网络 [J]. 东南大学学报（哲学社会科学版），2020，22（3）：99-107+153.

② 王艳芳，朱伟，白波. 城乡社区治理标准体系构建研究 [J]. 中国工程科学，2021，23（3）：32-39.

他指出社区有着时空的坐落、各自独特的社会构成以及制度组合的体例。① 随着城镇化的推进和治理理念的转型升级，关于市域社会以及社区治理的理论与实践研究日趋丰富，在中国知网以"市域社会治理"为主题词进行检索，得到逾千篇的研究文献，以"社区治理"为主题词进行检索则有上万篇文献，这表明市域社会治理及社区治理已具备一定的研究规模。但若以"市域社会治理"及"社区治理"进行联合检索，则仅有 220 篇研究文献，较之于各关键词的单独检索，缩量较大，表明将社区治理置于市域社会治理的研究场域应用较少，而市域社会治理现代化下的法治优化亦因之具备首创性质。为直观显示近十年来关于市域社会治理及社区治理文献的热点迁移，以文献可视化软件 CiteSpace 对上述文献进行聚类分析处理，可知研究热点交织于市域社会治理、治理共同体建设等领域，并对发挥党组织效能、优化网格员制度、维护公共安全等亦多有关涉，如图 1 所示。

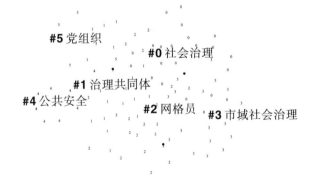

图 1　关于市域社会治理及社区治理的研究热点频谱图

---

① 陈占江. 现代社区建设的乡土视野——费孝通的思想遗产 [J]. 云南行政学院学报，2017，19（2）：5−12.

根据课题组掌握的文献，相关的研究主要从以下维度展开。

首先，系统阐述市域社会治理现代化的基本要义、体系建构、内在逻辑和推行进路。就其基础理论而言，是在设区的城市的空间范围内①，联结多元治理主体、多样治理手段、多种治理内容②，以社会治理共同体为制度目标、落实基层治理为理念导向的整体性社会发展过程。就其内在逻辑而言，有学者认为它有以治理主体和治理理念的现代化为核心，以机制创新为动力以及以治理考评为基准的逻辑。③ 就其构筑对策而言，亦有学者指出要以公共需求为导向、以社会承载力为基础、以创新社会治理系统为核心、以社会力量支持为关键，进行"微治理""协治理""善治理"和"巧治理"。④ 统合而言，从关于这一主题研究的高频关键词在近十年期间的演变过程可以看出，市域社会治理正从单一社会治理逐步走向智能化、多元化的治理现代化，具象化呈示则如图 2 所示。

① 陈成文，张江龙，陈宇舟. 市域社会治理：一个概念的社会学意义 [J]. 江西社会科学，2020，40（1）：228－236.

② 陈成文，陈建平. 论社会组织参与市域社会治理的制度建设 [J]. 湖湘论坛，2020，33（1）：122－130.

③ 徐汉明. 市域社会治理现代化：内在逻辑与推进路径 [J]. 理论探索，2020（1）：13－22.

④ 姜晓萍，董家鸣. 城市社会治理的三维理论认知：底色、特色与亮色 [J]. 中国行政管理，2019（5）：60－66.

关键词	年份	频度	开始年份	结束年份	2010—2021
社会治理	2010	5.09	2010	2018	▄▄▄▄▄▄▄▄▄▄▄▄▄▄▄▄▄▄▄▄
智能化	2010	1.09	2018	2019	▄▄▄▄▄▄▄▄▄▄▄▄▄▄▄▄▄▄▄▄
现代化	2010	0.86	2019	2021	▄▄▄▄▄▄▄▄▄▄▄▄▄▄▄▄▄▄▄▄
多元主体	2010	0.36	2019	2021	▄▄▄▄▄▄▄▄▄▄▄▄▄▄▄▄▄▄▄▄
治理现代化	2010	0.36	2019	2021	▄▄▄▄▄▄▄▄▄▄▄▄▄▄▄▄▄▄▄▄

图 2 关于市域社会治理的研究关键词时间凸显图

其次，有关社区治理的理论基础、发展演变、施行模式、实证领域以及优化路径的研究。梳理当前的文献，主要从四个维度展开：从理论维度分析，近年来学者普遍关注合作治理理论的适用[1]，如多元主体嵌入[2]、区域化党建优化[3]、公民的个体参与和自主度以及科技智治与社区善治的结合等[4]；从历史维度分析，包括"'社区'治理"向"社区治理"的历史变迁[5]，社区治理研究的近期回顾与评析以及环境协同的治理导向转变等[6]；从实证维度分析，则包括某些特定社区、特定社区组织的治理研

---

[1]　敬乂嘉. 合作治理：历史与现实的路径［J］. 南京社会科学，2015（5）：1—9.

[2]　吴越菲. 地域性治理还是流动性治理？城市社会治理的论争及其超越［J］. 华东师范大学学报（哲学社会科学版），2017，49（6）：51—60+170.

[3]　潘博，王立峰. 新时代党建引领基层治理面临的现实困境及其化解路径——以社会资本为分析视角［J］. 社会主义研究，2020（5）：110—117.

[4]　蒋俊杰. 从传统到智慧：我国城市社区公共服务模式的困境与重构［J］. 浙江学刊，2014（4）：117—123.

[5]　肖林. "'社区'研究"与"社区研究"——近年来我国城市社区研究述评［J］. 社会学研究，2011，26（4）：185—208+246.

[6]　马全中. 中国社区治理研究：近期回顾与评析［J］. 新疆师范大学学报（哲学社会科学版），2017，38（2）：93—104.

究①，并对社区治理的各项事务展开实证性、经验性研究等②；从比较维度分析，在关照国外的理论进展后，有学者指出国家"元治理"作用也应在社区治理中给予"审视"，要在协作性公共管理范式下探求适合中国语境的社区治理新模式③。

最后，以法治化作为社区治理效能实现的最佳进路的研究。研究这一领域的学者提出社区治理法治化的命题之后，进一步指出推进社区治理的过程中必须坚持法治化进路以保障改革的权威性和提高改革的实效性。④ 自此学者们采取多种路径来优化社区法治化的建设，如建立社区法治专员⑤，发挥社区党组织和基层政府的核心作用或共治整合与自治互动⑥，建立精准法律普及和居民理性行为引导机制等⑦。

（三）现有研究动态评述

总体而言，近年来围绕市域治理现代化、社区治理法治化的

① 闫臻. 城市社区组织化治理：自上而下的科层制嵌入与横向联系的扁平化合作 [J]. 人文杂志, 2018 (5)：120－128.

② 叶林，宋星洲，邵梓捷. 协同治理视角下的"互联网＋"城市社区治理创新——以 G 省 D 区为例 [J]. 中国行政管理, 2018 (1)：18－23.

③ 闫丽萍. 协作性公共管理范式下我国社区治理路径探析 [J]. 东岳论丛, 2018, 39 (7)：178－185.

④ 梁迎修. 我国城市社区治理法治化探析 [J]. 郑州大学学报（哲学社会科学版）, 2014, 47 (2)：64－67.

⑤ 孙荣，梁丽. 社区法治专员：社区治理法治化的理性认知与制度创新——以上海市杨浦区"社区法治专员"制度设想为样本 [J]. 理论与改革, 2016 (4)：21－25.

⑥ 李鸿渊. 城市化进程中镇管社区党建工作 [J]. 上海党史与党建, 2014 (1)：52－54.

⑦ 杨桓，刘莹. 民族互嵌式社区治理法治化实施困境与对策 [J]. 湖北民族学院学报（哲学社会科学版）, 2019, 37 (1)：49－55.

研究成果丰富，焦点主要集中于综合治理、城市社会治理、多元主体治理以及基层治理等，具象化呈现如图 3 所示。

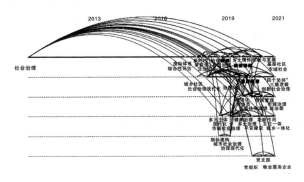

图3　社会治理相关研究热点聚焦图

然而，既有研究存在一定的误区，未充分结合中国的治理土壤对"社区治理法治化"的内涵进行研究，且多数研究集中于具体事项的"回应性"治理对策的维度，对建构性的体系框架的研究较少。一方面缺乏对于新时代社区治理实践运行偏颇现状的思考，对将法治化等同"法制化"，将共治等同于西方式的"民主"，以及限于治理主体的法治化等偏差现象缺乏深度的挖掘和思考；另一方面对党的十九届四中全会提出的市域治理现代化的深化和落实尚需强化，需要根据党的十九届四中全会的精神和理念进一步提升社区治理法治化的水平。需要明确的是，基层治理往往是社会治理的弱项和短板，市域治理现代化又是国家治理现代化的落脚点和着力点。基层社会自主的法治建构天然不足，需要更权威的法治力量的牵引和推动；基层社区的法律施行的程度基于利益会被各方驱使，需要更高层次的法治手段的调控和规制。

因此，面对社区治理实践中的误差，十分有必要将社区治理的法治化融入市域治理现代化的价值背景和治理维度，构筑起提升社区治理法治化的优化路径，找寻行政管控和多元协同共治的平衡契合点，提升社区治理的法治化水平，发挥治理效能。此外，还应从实践论层面关注建构何种评估指标与模型，着眼了解社区治理法治化手段方式实施的效能，进而为其深层次的路径优化提供科学研判。

三、主要内容与基本框架

（一）主要内容

本书按照"理论建构—实证分析—问题聚焦—路径创新"的思路，立足市域社会治理现代化，将研究对象定位为城市社区治理的法治化的相关事项，对目前社区治理过程中法治化的模式僵化和简单演绎进行分析，研究市域治理现代化的时代背景和法治化的有机整体，找寻优化路径的普遍性规律与突破性创新。

第一章是市域治理现代化下社区治理法治优化的理论基础，主要内容是阐述市域社会治理和社区治理的理论根脉。一是找寻行政管理理论和社区自治理论的平衡点，推动责任政府的政治观和协同治理的服务观之间的观念融合。党的十九届四中全会强调建立社会治理共同体，同时加强市域治理现代化和法治保障的基层治理格局，意味着社区治理的法治化理念呈现出由点而面的全覆盖。社区治理的法治化，是要根植中国社会的土壤，强化党委的核心作用，保证政府切实履行和承担公共服务的责任；要符合治理现代化的服务逻辑，激发社区多元主体参与社区治理的活力与自主度。二是以实体治理和程序治理为抓手，推动刚性的治理秩序与程式的法治主义之间的导向融合。正视城市基层社区的信息透明化、社会扁平化、治理内卷化、组织网络化、需求多元化、利益叠加化的复杂治理情景，修正固化的法制模式，转向更为包容的法治模式，促进法律之理与治理之力在社区治理法治化命题中的交融，推动社区治理效能的发挥和效用的落地。三是兼具硬法和软法的规范约束，推动硬性的依法治理手段与软性的治理效能实现的融合。正视社区治理法治手段的立法不足、多软法、重实体、轻程序的复杂施行境地，重构社区治理法治化的优化导向，这不仅仅是对依法治理价值的再次强调，还需赋予更多治理的实效和内涵，使社区治理兼具法治之硬度和治理之软度。

第二章是市域社会多态社区治理的实证分析，主要内容是对市域社会中类型化社区展开实证分析，研究的主要问题：一是典型个案研判。在样本选择上考虑四川省东西部之间的地域差异、边疆治理的特殊性、经济社会发展水平等，拟选取四川省较为典型的城市社区，对其法治化治理建设的现状进行对比分析。二是社区治理范式分析。拟从特定社区的治理结构、治理空间、治理资源、治理规则、治理目标、治理核心、治理方式进行分析。三是社区治理法治化剖析。拟从特定社区的法律基础、社会基础、系统规划、顶层设计、法治宣传、治理队伍等方面展开分析。四是现状原因研究。拟从治理主体、治理依据、治理倾向、参与对象、利益保护、居民期望等方面展开研讨。

第三章是市域社会治理现代化下社区治理法治优化的效能评估，主要内容包括：一是对城市社区治理的法治化现状进行共通性总结与针对性分析，即对社区治理的软法适用、渐进治理、行政治理、实体治理、利益平衡、资源配置、体系完备、居民共识等一系列普遍性问题进行总结，同时必须针对性地对社区治理的层级性、闭合性、复合性、多维性、协同性以及寻差性等突破方面进行分析。二是针对其共通性总结与针对性分析，设计适合城市社区治理法治化的效能评估指标体系与模型方法，具体包括效能评估技术路线、维度分析、权重确定、综合模型，综合运用对比分析、相关分析、聚类分析方法，通过评估样本的选取优化、评估类型的等级划分、评估流程的可视来建构科学、实用、对路的效能评估指标。

第四章是市域社会治理现代化下社区治理法治优化的症结透视，主要是集合前述实证分析对象和效能评估模型，找寻社区治理法治化因何受阻，考量社区治理与市域治理之间的联系。总的来说，市域社会治理中社区治理所面临的主要症结：一是社区治理的法治工具匮乏，而这又关系到社区治理法律体系尚不完善、地方立法质量不高等问题。二是治理主体的治理能力不足，更进一步的原因则是政府法治能力和法治方式尚有不足，社会力量的法治意识亦有待加强。三是社区治理的权责界限较为模糊，政府部门及各街道社区之间的权责关系不够明确，相应的执法行为也不够规范，存在组织架构和主体意识等方面的问题。四是多元共治的基础格局较为脆弱，商谈平台与意识都有所不足，未形成法治方式解决问题的氛围。

第五章是市域社会治理现代化下社区治理法治优化的解决进路，主要是根据前述问题为社区治理的法治优化提供相应的策略，从不同层次弥合社区治理的法治刚性与制度韧性之间的张力，实现市域社会治理现代化下的社区治理法治化。一是增强社区治理的法治工具供给，制定科学完备的社区治理法律，发挥法律及社区自治性规范的规则效用。二是规范社区治理的权责运行体系，以有权必有责、用权受监督的目标导向促进社区治理主体依法尽职履责。三是培育多元共治的社区内生秩序，以自治、德治、法治以及智治实现社区治理秩序和治理格局的法治优化。

（二）基本框架

本课题组旨在把城市社区治理法治优化研究置于国家治理现代化的理论与时代背景下，深层次挖掘市域治理现代化与基层社区治理法治化的关系，并以此为理论根脉建构市域社会治理现代化下社区治理法治优化的框架。课题研究的基本框架如图 4 所示。

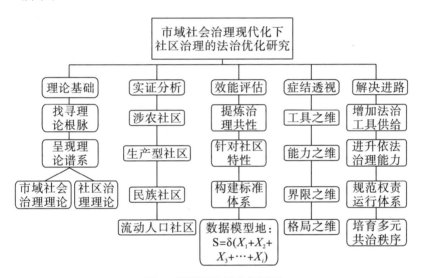

图 4　课题研究基本框架图

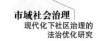

四、研究方法与创新之处

（一）研究方法

1. 文献研究法

对市域社会治理现代化、基层社区治理、社区治理法治化进行全面梳理、归纳与对比，归纳、总结经验与启示，为课题研究提供理论支撑。

2. 实证分析法

运用实证分析中定量分析与定性分析相结合的方法，建构城市社区治理法治化水平的评估指标，再通过权重分析确定指标影响因素，并以此建构科学的效能评估模型。

3. 个案分析法

选取典型的个案样本进行抽样分析，充分考虑特定社区的实际情况，运用问卷调查、访谈、座谈等方式了解社区法治化实施的实际情况，并进行比较分析。

（二）创新之处

第一，修正传统社区治理理论研究的误区，提出我国市域治理现代化下的社区治理是根植于中国特色土壤的特殊制度安排，社区治理的法治化要有鲜明的红色基因，更应囊括良善的法治结构和多元共治的框架，才能提升社区治理效能。

第二，基于城市社区"统合性""以人为本""治理共同体"

"软法繁多""依法治理"等现实研判，从体系层面优化其治理核心、价值导向、治理模式、规范体系、治理理念，进而提升社区治理法治化的水平。

第一章

市域社会治理现代化下社区治理法治优化的理论基础

第一节 市域社会治理现代化的谱系援引

一、市域社会治理现代化的时代内核

2018 年 7 月 17 日，中央政法委秘书长陈一新在《人民日报》发表文章《推进新时代市域社会治理现代化》，正式提出市域社会治理现代化概念。随后，这一理念辐射全国、影响各地的社会治理变革。兹此，市域社会治理与治理现代化紧密契合，文本中亦体现为"市域"主题和"社会治理现代化"主题的交叉。不难看出，市域社会治理现代化的视角聚焦于"市域"，主要是因为市域拥有相对完整的治理体系和充足的资源来解决社会治理

中的各类型矛盾，是基层社会治理风险矛盾的发散点和聚集地，具有高度的典型性。我国提出的国家治理体系和治理能力现代化的制度伦理和政治要求，始终以人民群众利益为社会治理出发点，与市域社会治理现代化的要求相互契合。[①] 在这一治理理念之下，治理主体需立足当地特点因地制宜而非盲目照搬，全国各城市应结合自身特点建设一种活力足、效果好的社会治理新模式。因此，市域社会治理现代化自诞生之日起就接续了国家在历史各时期的治理理念与优势，体现出鲜明而富有意义的时代内核。

在市域治理的早期阶段，即改革开放之初的 20 世纪 80 年代，我国首先是在经济上步入与世界接轨的快车道，形成了经济快速发展，城镇人口不断增加，城镇规模不断扩大的态势。在享受城市快速发展带来的红利的同时，环境污染、基础设施落后、交通拥堵、房价上涨等一系列难以治愈的"城市病"也随之而来，从而对经济增长、社会秩序等产生了阻碍和干扰，容易在市域形成不平衡、不均衡、不稳定的发展状态。针对以上顽疾，急需用科学的方法来治理，故而市域治理是否科学合理，在当时就受到政府和群众的日益关注。随着改革开放的不断深入，党的十八届三中全会首次提出了创新社会治理体制的新思路，党的十八届五中全会接续指出，要形成惠及全体人民共建共享的社会治理模式。

2015 年，中央城市工作会议首次从社会治理、治安防控、经济发展等多维度确立市域各项事业的指导思想，为我国的城市治理如何达成现代化指明了方向，提出要通过转变城市发展方

---

① 杨小俊，陈成文，陈建平. 论市域社会治理现代化的资源整合能力——基于合作治理理论的分析视角 [J]. 城市发展研究，2020，27（6）：98-103+112.

式，解决城市的一些独特问题，探索出具有中国特色的发展道路。这一指导思想旨在改善人民生活环境，提高人民生活质量，使得人民幸福感、获得感增强并反向促进城镇化水平和质量再次提高。① 这一指导思想的落脚点，即为进一步转变城市发展方式并补充完善市域治理体系，着力解决"城市病"以提高市域治理能力。经由此项政策理念的浸润，市域社会治理现代化的各项事业发展迅速，受到各方关注并积累了广泛的实践和理论基础。

2017年，党的十九大对之前的指导思想进行了进一步的明确，而党的十九届四中全会则更进一步地提出坚持和完善共建共治共享的社会治理制度，为治理环境日趋复杂的新形势下的社会治理提供了清晰明确的根本遵循。通过对领导主体、负责主体、协商主体、协同主体及其他参与主体等的调适，以及法治与科技的熔铸②，不断丰富和创新了社会治理体系的理论和实践意义。中央层面对社会治理理念的"顶层设计"，强化了社会建设与发展领域各项理念与方式的变革动力，促进了市域社会治理现代化的理念诞生和体系架构，并为其深入实践提供了制度助力。

可见，市域社会治理现代化是在特定历史时期诞生的对市域治理具有极强指导意义的新型治理模式，符合我国的国情和社情发展的一般规律，有利于解决现实中的治理难题，打通市域治理的关键堵点，实现人民群众幸福感、安全感的双效提升。

---

① 张文显. 新时代中国社会治理的理论、制度和实践创新 [J]. 法商研究，2020，37（2）：3-17.

② 薛小荣. 重大公共卫生事件中市域社会治理的数字赋能 [J]. 江西师范大学学报（哲学社会科学版），2020，53（3）：20-26.

二、市域社会治理现代化的理论基础

市域社会治理现代化，其核心要素即市域社会治理及治理现代化。因此，需要对市域社会治理现代化的各个核心要素进行概念阐释与内涵呈现。

（一）市域的概念和内涵

在公共或行政管理话语体系中，"市域"主要指地级市一级的行政规划范围，并在整个社会治理的大系统中发挥着承上启下的关键作用，具备较强程度的枢纽功能。根据它所指称的范围而言，市域的核心概念即为地级市，但也包括了计划单列市、副省级城市、省会等，质言之，即为具备地域区域性、组织层次性、人流物流信息流的集聚性、政策扩散性等特征的城市社会系统。

该社会系统的各个部分联系紧密，人口、经济、社会等发展指标较为典型，而各项城市功能相对完备和健全，既不像省级行政区域那样区划复杂、体系宏观，也不像县乡级地区那样过于微小以至于缺乏集合性。

在法理层面，《中华人民共和国宪法》对我国行政区域划分做了完整的定义，其中提到"市"的概念，结合其他法律法规进行统计，可知全国现有 333 个地级行政区，而我国对于城市级别的划分主要分为四个层级，依次是省、市、县、乡四级。聚焦于市域，则可知对于市的划分，我国将它分为直辖市、计划单列市、地级市、县级市等，不一而足，并且由于地级市为二级行政区，具有一定的规模，在我国城市当中具有一定的普遍性与典型性。为此，市域社会治理现代化研究主要是以地级市这一角度进行理解，但实践中也不排斥计划单列市、省会城市以及较为发达的县级市等。①

在学理层面，关于"市域"的界定，主要有两种观点。一种观点认为"市域"仅仅是指地级市所在范围的行政区域，也就是通常认知中的设区的市；另一种观点则认为"市域"是指设区的行政范围，其中包括副省级城市、省会城市、计划单列市。前者所指的"市域"是地级市所管辖的所有行政区域，包括城镇区，农村地区；而后者所指的"市域"除包括地级市外，还包括省会城市，且以市域治理的城区为重点。② 市域就是根据我国对于行政区域的划分而形成的，但是市域社会治理现代化在一定程度上也模糊了这种行政区域的划分。

基于如上讨论，本课题所指称的市域，即侧重于城区的市域，而非全景意义下的包括县乡、农村、远郊在内的整个市级行政区划。

（二）社会治理的概念和内涵

社会治理是涵盖了政治学、法学、社会学等学科理念的复合性概念，一般认为社会治理是在社会管理的基础上发展而来的。申言之，从社会管理演化为社会治理，不仅仅是政府模式转变的需要，也是社会发展的需要，是国家实现社会治理现代化过程中的必然转变。社会管理与社会治理虽仅有一字之差，但其内涵与

---

① 杨磊，许晓东. 市域社会治理的问题导向、结构功能与路径选择 [J]. 改革，2020（6）：19—29.

② 黄新华，石术. 从县域社会治理到市域社会治理——场域转换中治理重心和治理政策的转变 [J]. 中共福建省委党校（福建行政学院）学报，2020（4）：4—13.

外延均属不同。从参与主体来讲，"管理"是以政府为主导，"治理"是集社会各界的广泛参与，尤为关注政府对于社会的积极回应；从治理的方式来讲，"管理"以政府为主导，"治理"依靠的是各级党政机关、社会组织以及公民的共治，并依靠信息技术运用大数据对自下而上的社会诉求给予回应；从治理内容来讲，"管理"的范围仅局限于社会治安，"治理"由对社会治安的管理转变为对国家以及整个社会的治理；从治理目标来讲，"管理"是维持社会稳定，"治理"是激发社会各主体活力，建设有特色的社会模式。

统合而言，随着社会政治、经济、文化等各项领域的发展，社会治理理念开始逐渐融入社会管理的政策制定中，并在治理主体、治理目标、治理过程、治理方式等方面有不同的表征。① 就社会治理的主体而言，社会治理主要包括政府、社会组织、社区和个人，在平等合作的基础上，各主体依法管理社会事务、解决治理问题，共同缔造社会组织和社会生活，实现公共利益最大化以及良性运转的社会图景。从社会管理到社会治理的模式转变②，表明党委领导、政府负责的权能格局逐渐成形，党委政府从单一管理型慢慢成为复合引导型，严防严控或统一管理的治理模式已不再是党委政府的主要职能，新型的自治型社会治理模式渐渐确立。

从自上而下的管理到自下而上的社会自治共治，这一转变过程不仅促进了政府的职能优化，也改变了市域居民的治理要求，让人民自愿参与对政府行为和政策的实时决策，协调政府导向的

---

① 周巍. 我国基层社会治理模式创新探索 [J]. 广西社会科学，2020（10）：66-70.

② 任克强. 政府主导城市基层治理模式的现代转向 [J]. 南京社会科学，2021（3）：64-70.

方向要求。社会治理是党委政府、社会组织和公民等多元主体对社会的集体治理，体现了不同领域、不同阶层的群体在各方面的治理诉求。良好的社会治理必然有助于人们整体反映治理过程中的困难，与国家治理体系和治理能力现代化的总体要求相互匹配。

总体而言，社会治理需要社会力量以全新的理念和姿态实现治理目标，需要治理各方积极参与，在各领域展开积极的对话与商谈，并恰当利用科技在社会和公众利益中实现诉求公平，以有效配置社会资源并减少社会治理矛盾和风险。

（三）市域社会治理现代化的概念与内涵

市域社会治理现代化作为一种新型治理理念，始于数十年来的城镇化历程以及在此过程中所积淀的城市治理经验。随着国家治理体系和治理能力现代化的持续深入和层级推进，市域社会治理现代化的概念的内涵和外延也得以充实和明晰。总体而言，市域社会治理现代化的落脚点即治理，侧重于治理的概念、治理体系和治理职能的界定。[①] 市域社会治理现代化的内涵和外延包括了治理主体多元化、协同发展理念、治理过程公开公正理念、治理机制多元协商互动理念、治理目标共性整合理念等。这一治理模式是国家治理体系与治理能力现代化的市域注脚，并借由完备的治理体系、规范的治理程序予以实现。

尽管当前仍有城市农村户口的二元划分，但农村人口向城市广泛流动以及城市边缘向农村推进覆盖等现实亦不可忽视，故而

---

① 黄建. 引领与承载：全周期管理视域下的城市治理现代化 [J]. 学术界，2020（9）：37—49.

在市域社会治理现代化的目标层面，最终不仅仅是市域社会治理取得何种成效，而是市域社会治理和农村社会治理的交互融合。① 这就要求市域范围内的各行动主体，在党委领导、政府负责的基础上，运用各种类型的社会规制手段开展治理。这一治理模式的直接目标是遏制社会不和谐因素，但终极目标则是维持所管范围的社会长治久安人民安居乐业。

市域社会的典型特征即以"市"为治理所指向的主要对象，市域拥有较为完备且范围较县域更宽泛的社会治理体系，它能自主配置的社会资源，能依法制定法规和发布命令的权力和权限也优于县区，具有因地制宜解决社会纠纷的现实基础。因此，市域社会治理现代化聚焦的是最有效的治理层次，既能化解早期社会矛盾，又能以较少的层级传导控制基层治理，引领基层社会治理的变革。这就要求，在对市域社会治理现代化进行理解和适用时，不能简单以城市区域的治理模式作为基础，把市域社会治理看作单纯的城市内部的公共事务。而是要以城市所能辐射和影响的全部社会主体为依托，促进它们参与社会治理，在依靠党政主导合作机制下积极参与市域治理工作，实现治理与被治理主体之间的动态平衡，创新社会治理体系。

三、我国市域社会治理现代化的现实维度

一切治理理论的落脚点，都会回归到现实领域。自 2018 年市域社会治理现代化的实质概念被提出之后，它在现实维度具备

---

① 李建伟，王伟进. 理解社会治理现代化：内涵、目标与路径 [J]. 南京大学学报（哲学·人文科学·社会科学），2021，58（5）：35−44+158.

了一定程度的积累。

市域社会治理现代化的提出与当前我国社会治理迫切需要转型的现实相契合，是落实全面依法治国、推进国家治理体系和治理能力现代化等总体要求投射至市域的现实表现。市域社会治理现代化是一项整体性的市域社会发展的过程，主要的空间范围以地级市的城市区域为中心，运用制度、法律、科技、道德等社会治理的手段，让政府相关部门、社区、市场、居民、企业等治理主体积极参与市域治理，共同致力于新型的社会治理格局，在各自所及的范围内发挥积极性以防控和化解市域范围内常见的各类矛盾，激活市域社会治理现代化在法律理念和制度实践层面的双维效能。

作为社会治理领域的一种新型概念，治理主体对市域社会治理现代化这一理念的各个要素存在一定程度的认知偏差，对其内涵和外延的理解存在真空地带，故而各地政府在推进市域社会治理现代化时也难以做到规则筑基、法律护航，容易落入延续之前治理惯性的窠臼。

市域社会治理现代化的现实之维，在具体进路方面表现为依靠智能化、法治化、社会化、专业化建设以实现真正意义上的现代化体系，而在具体效用方面则是构建市域社会治理现代化的标准体系。市域社会治理较之于国家治理体系和治理能力现代化，二者在空间范围、行动主体以及治理体系上具有一定程度的一致性，故而在现实维度把握市域社会治理现代化需从特征、目标、内容三方面把握其独到之处，对市域社会治理现代化的特征、内容和目标要进行更为纵深的理解。

首先，全面推进市域社会治理现代化，是党和国家面对我国发展和社会改革实际提出的关系民生的社会治理举措，是在社会治理领域实现全面深化改革、国家治理体系和治理能力现代化的关键环节。改革意味着风险、机遇与挑战，因此市域社会治理现代化下所关涉的市域事务将不可避免地涉及社会结构和社会秩序的调整，存在着释放风险或者催化矛盾的可能。在这一现实基础之上，只有立足市域社会治理现代化的特点，才能把握这场治理变革的重点。从社会的治理结构看，过去的"大政府"式的综合社会结构已经慢慢退出历史舞台，留出的"治理真空"需要更多的社会力量参与治理过程予以填补。此外，还需要在广泛共识的基础上进一步推动各个主体以民主协商的方式参与共治，这也是原本由政府大包大揽的社会治理情境转变的体现。

其次，市域社会治理现代化的内容主要体现在三个方向，也即市域社会的治理理念、治理制度和治理能力三者均需要迈向现代化。这一过程涉及党和政府、社会组织、基层群众、具体职能部门等各个领域，将市域社会的治理范围合理拓宽，实现国家治理体系和治理能力现代化在市域层面的治理注脚。就治理理念而言，理念是改变行为模式的深层根源，只有理念转化成功，行为模式才有可能彻底改变。现实层面的市域社会治理的各个参与者要改变以往强制参与、被动参与、利益至上的观念，变为主动参与、民主参与、达成利益诉求的同时顾及责任的观念。就治理制度而言，过去社会主体和社会秩序的混乱，无疑是社会制度不完善、社会利益分配不平衡、社会与政府关系不协调等在特定历史时期、特定历史环境下所导致的最终结果。"稳定压倒一切"的惯性理念必然会在社会观念革新和技术变迁的时代背景下发生转变，以适应治理现代化的现实要求。就治理能力而言，市域社会治理能力是党委政府和各方参与主体所能发挥的治理效能的一种体现。当前，我国改革已然进入深水区，面临更加严峻的社会形势，城市内部矛盾更加突出和集中，而作为市域社会治理现代化关键主体的政府，若其治理作用不明确，其能力不足以解决当前

突如其来的社会风险，必然会影响到社会治理效果的实现。有效防控各类社会问题、化解各类社会矛盾是社会治理的主要目标，这便对治理能力现代化提出了不小的要求。

由此可以看出，市域社会治理现代化的现实维度主要是以治理理念、治理制度、治理能力的现代化为抓手，以科学有效的治理理念牢牢把握社会治理多元主体，将治理制度与社会发展前景相契合，提高市域社会治理能力，以实现市域社会治理的长效化与系统化。

第二节　社区治理法治化的命题溯源

一、社区治理法治化的内涵要义

（一）社区及社区治理的概念

在人文社科领域，首倡"社区"这一概念并予以清晰定义的是滕尼斯，他在《社区与社会》中创设性地提出"社区"这一概念，并强调社区的主要功能是承载人与人之间的较为亲密的关系，以共同的价值追求和利益诉求为导向，在一定范围内衍生出荣誉感、归属感以及认同感。对于这一概念，同在"社会类型学"领域的韦伯、齐美尔等学者亦有此论。回观中国，最早引入"社区"这一概念的是费孝通，他对社区进行概念阐释时侧重于

"人际关系"，认为社区本质上属于人际关系所交织的社会系统，并进一步阐明社区是指在地域范围内的聚居者们承担具体的分工合作事务而形成的社会系统。①

在行政领域或政策领域，民政部门对"社区"也进行了形式迥异于学者但实质上仍较为相似的定义。民政部在规范性文件《关于在全国推进城市社区建设的意见》中认为社区是一个"社会生活共同体"，由聚居在一定范围内的人群所构成。需要说明的是，此处的"范围"主要指的是"地域范围"，而所聚居形成的社区在市域表现为人口密度高、聚居规模较大等特征。社区是一个相对独立的社会组织实体，尽管不同领域、国别的学者以及实务部门，对社区进行了不尽相同的定义，但是细观其概念，分析其构成要素，仍可提炼出关于社区的四个必备要素：一是人口要素，社区必然存在社区居民，社区居民是社区之所以成立的关键基础，有人口方能有社区之存在，人是社区生活的创造者也是各项社区事务的执行者。二是空间要素，社区必然需要一定的地域空间予以承载，并且也受到由地域所带来的自然环境影响。空间的大小以及自然环境的优劣，在很大程度上决定了社区居民的生活水平和群体行为方式。三是设施要素，社区之所以被称为社区而非简单的人群集散地，主要因素就在于它具有一定规模的共建共享设备设施。具体而言，社区所拥有的文化、生活、经济方面的设备设施，是为每位社区成员平等提供的硬件基础。四是文化要素，社区居民在受人群、地域、设施等制约影响的同时，必然会形成相对独特的行为惯性，凝结出与本社区风貌相似的行为方式和价值观念，形成各不相同的风土人情、风俗习惯。良好的

---

① 魏淑艳，蒙士芳. 中国市域社会治理现代化的理论框架、行动取向与实现机制 [J]. 理论探讨，2022 (3)：96－103.

风俗习惯可成为社区凝聚力和认同感、幸福感的来源。①

（二）社区治理法治化的概念

社区治理必然需要规则筑基、法治护航。党的十九大提出要构建"共建共治共享"的现代化社会治理新格局，对新形势下社区治理原则、治理目标和方式方法等提供了根本的理论遵循：一是要推动社会治理的重心下沉到基层、下移到与人民紧密相关的一线，从丰富实践的基础上不断沉淀经验，进而创新完善基层治理模式；二是要发挥民间组织、公益组织等各种非政府组织在社区治理中的作用，鼓励和引导社区居民和其他主体构建多元治理格局；三是要实现党委领导、政府主导、街道或居委会引导居民自治的良性互动模式。上述理论要求社区治理需在规范化、法治化轨道上运行，是对落实党和国家全面依法治国战略和实现国家治理体系与治理能力现代化在社区层面的有力响应。社区治理法治化的本质即在社区治理的各项领域中都注入法治精神，融入规则意识②，以法治变革的社区治理理念改善治理模式，优化治理方式，在党委领导下有效整合社区在人力、物资、经济、文化等多维度的资源，严格依循法律法规和决策部署，建立合法有效、合理适当的社区规范性文件，如楼宇公约、社区公约、自治章程等，为社区治理提供制度保障。

第一，治理主体多元化。社区治理主体是社区治理各项法律、制度、规章及公约等文本的实践者与执行者，随着社会观念

① 王斌通. 新时代"枫桥经验"与矛盾纠纷源头治理的法治化［J］. 行政管理改革，2021（12）：67—75.
② 蒋小杰，王燕玲. 县域社会治理的行动者分析与模式构建［J］. 行政论坛，2019，26（2）：110—116.

变迁和技术革新，如今参与社区治理的主体不仅包括党委政府等公权力机关以及传统意义上依附于此的居委会等，还囊括了其他社会组织、企业和居民等主体，这也正是由单一的行政管理模式转变为协商互助、共同决策、共同执行的社会治理新模式的本质体现。管理型政府向给付型政府转变的过程中，政府的管理功能有所削弱而服务功能更加突出，虽然政府仍然是国家重大方针政策实施的主要推动者，但是具体到社区层面则不可能面面俱到直中肯綮，而是需要注意人本观念，以更多的平等协商、对话、商谈来共同处理社区公共事务。

第二，坚持以人为本的治理观念。人民在社区范围内即为社区居民，人民是各项治理成效的最终检验人与受益人。坚持以人为本的治理观念就是要求在社区治理机制中将社区居民作为社区治理体系的核心，在法律执行的方式上考虑社区居民实际状况，在各类自治性公约或章程的制定上考虑社区居民的实际需求，以人性化的价值观念来调和引导社区居民的利益需求和诉求，关注社区实际生活质量的提高而非单纯地聚焦于社区治理数据指数的变化。

第三，法律至上。宪法和法律是社区治理过程中的最高权威，法律面前人人平等，任何组织和个人都不得违背宪法和法律。除此之外，法律至上也要求"科学立法"，以法律刚性有效规范行政权力运行，增强社区立规、建章立制或订立民约的科学性，使法律成为社区居民的真诚信念。

第四，坚持法律之上的治理模式。根据全面依法治国的总体要求以及国家治理体系和治理能力现代化的本质要求，社区治理过程中必须严格遵守法律，执行各类事务时必须依法治理、遵守规则程序，任何主体都不能违反法律，形成良法善治的"社区之治"。在社区各类规章制度的制定和执行上级政策的过程中，需要以法治思维为基础使用各项权限，增强社区层面各类自治性规范的科学性和规则性，让法律从文本变为社区各主体真诚遵守的信念，形成学法、用法、守法的法治格局。

第五，践行民主制度。市域社会治理的现代化本身就对民主有所要求，社区居民参与社区治理正是基层民主实践与建设的有效途径，现代民主在社区治理上的体现主要就是社区各主体参与社区事务时，能平等协商、民主商谈、理性发挥话语权。社区民主需要扩大社区居民民主参与的程度，切实提高各类公共服务的供给质量，防止独断和不透明所滋生的不良现象，让社区主体的真实意见得以民主表达。

第六，多元共治。社区治理的内容涵盖社区生活的方方面面，包括社区民主选举、项目推荐等重大公共事务的决策和实施，以及社区服务、公共卫生、社区文化和社区福利等诸多内容。社区的多元化治理摈弃了传统的"制定与执行"的自上而下的管理模式，转由各个治理主体共建共享、民主协商、商谈决策，注意对人的主观能动性的发挥。社区主体在政府的指导和监督下，按照国家法律法规、党的政策、民事规则和公约规定的权利和义务，积极参与生活，实现多元共治的社区治理图景。

二、社区治理法治化的理论根脉

社区治理的法治化就是要求社区治理各领域都以法治为遵循，实现社区层面的良法善治，细言之，其理论根脉主要包括多中心治理理论及有限政府理论。

首先是多中心治理理论。所谓多中心治理，是指基于自治治理的前提在权能范围内允许多个权利主体和治理中心同时存在，相互之间并行不悖。这一治理理论旨在打造出兼具竞争与合作的框架，让各个治理主体抑或被治理主体有了更多的选择和更好的服务质量，在商谈与比较中选择出更为科学和合理的治理模式。多中心性意味着没有单一的中心，天然地对集中和垄断构成了反制，正与权能分散、权限重叠的市域社会治理模式有所契合。多中心治理模式必然囊括了众多的决策中心，因而在一定范围内构成了竞争、效率和活力的良性交织。在对多中心治理进行具体运用时，通常认为个体是具有独立决策能力的理性代表，可以作为分析的基本单位。多中心治理学者奥斯特罗姆认为，多中心治理的秩序是一种自治性的，由诸多相对独立的主体汇集而成，但其核心要素仍然是可以被规划的，多中心并不排斥某一中心具有主导作用，而是要求民主、平等、自治等充分彰显。在当前的社区治理中，社区居民的权利意识、法治意识逐渐彰显，对权利的要求越来越强烈，所关涉的范围也从政治领域扩展到经济、文化、社会等领域。社区居民虽然具有同质化的观念，但囿于职业、身份、原籍风俗的差异，必然也会表现出相当程度的异质性，而既竞争又合作的多中心治理理论无疑为此种情况的社区治理法治化提供了有力支撑。

其次，是有限政府理论。有限政府理论是一种与"无限政府"相互区别对照的政府制度理论，强调政府在行使权力时应受宪法和法律的约束，以及政府的规模和权力应当受到限制。质言之，政府应从大包大揽以及全面管理的模式中跃迁，它承担的主要职责是基于现有法律法规或政策方向为社会提供保护、为市场提供秩序，而不是事无巨细地广泛干预社会经济生活和私人活动。洛克提炼总结了有限政府的思想，认为政府权力存在必须目的正当，只能为了公共安全、人民福利及和平价值而存在，也就是说政府的权力来源与权力运行都必须具有正当性基础，而这种正当性正是对政府权能的一种限制，防止它无限拓宽边界。这一较为古典的理论仍对现代社会的市域治理有所助益，把权力关进制度的笼子里不仅针对具有公权力的机关而言，也适用于社区治理中除政府之外的非政府组织、自治组织和当地居民权威等所有主体。限制权力正是对保护权利的考虑，只有各个主体平等协商、共同参与社区治理进程，才能更好地实现社区治理法治化，提升社区治理的规范程度与效率。

将有限政府经典理论投射至我国基层社会治理可知，计划体制下的大包大揽式管理机制逐步转变为市场经济体制下的新型社区机制。面对新的社会形势，如何提高社会各界民主参与程度，以加快社区民主法治建设，是现阶段社区治理的首要命题。有限政府视域下，强调政府与社会科学分工、共同治理，希冀政府引导其他组织、公民分担一定程度的治理职责和权力，注重自我管理、自我治理。具体而言，有限政府理论在社区治理层面的移转，必然具备以下条件：第一，社区治理主体特别是街道办和居委会等组织，以及相关人员的一切活动都必须在宪法和法律法规所确定的范围内，推行社区治理时不得违反宪法和法律法规，未经授权即不可为其他社区主体增加义务或减损权利。第二，政府机关和相关人员必须按照法律规定的程序和方法采取治理手段，换言之，既要在特定的行为中做到"程序合法"，又要保证"实质合法"，程序规范是治理主体在进行社区治理时必须考虑的首要问题。第三，社区治理本身遵守法治要求之外还需积极推行法治，即从消极地遵守法律转化为积极地施行法律、宣传法治，进而在所辖范围内形成上行下效、全员守法用法的法治生态。

三、我国社区治理法治化的框架体系

社区治理法治化是对新时期社区治理的要求，但是实质上社区的存在要远早于社区治理法治化各项理论的提出，因而在透视我国社区治理法治化的框架体系时，必须精准把握我国社区治理的文化与制度惯性，否则便会有"水土不服"之虞，难以实现社区治理法治化的要求。

新中国成立以前，我国基层社会虽无社区之名，但是实质上的村社或城镇聚落主要实行保甲制度。新中国成立以后，宪法及法律法规逐步对城市管理制度进行了规定，基本上形成了基层社会群众自治的框架结构，社区模式也初步成形。当今的社区治理模式虽然基于新中国成立时期打下的体系框架，但历经七十余年的发展变化，我国城市社区治理的模式演进大致分为三个过程。

（一）"社区—单位"二元制的城市社区治理模式

新中国成立初期，由于当时的形势需要和历史环境限制，并没有颁布正式的法律制度来管理基层社会，而是以"单位制"来进行基层社会管理。这一管理模式让社区居民与社区和单位之间形成了一种依附关系甚至依存关系，带来了罕见的良好治安的同时也造就了极低的流动性。彼时的社区其实就是各个"单位"在街道层面的投射，社区必然是依附于单位甚至属于单位的，因而存在自行发展的动力和条件。但是，单纯依靠单位来管理基层社会，已经不能满足边缘化、不协调的人员的需求。党的十一届三中全会后，随着经济社会和民主政治的不断进步，社区管理模式得到了进步和发展，并从之前的社区依附于单位发展为"社区—单位"二元制。这一城市社区管理模式的最大特点是在城市基层社会中街道社区管理和单位管理两种制度并存，单位和街道社区都可以对社区居民进行管理，在维护当时城市基层社会秩序和稳定方面，街道社区和单位管理的双效制度发挥了重要作用。但是，这种管理模式下社区居民的身份特征较为明确，即必须有"单位"，故而使得没有单位的人在客观上受到社会歧视。同时，社企不分离压缩了社区自治的空间，而"企业办社会"也增加了单位的负担，限制了单位职能的高效发挥。

（二）社区合作制的城市社区治理模式

随着改革开放的不断深入，机械的"社区—单位"二元管理模式在应对纷繁复杂的社会治理现象时显得力不从心。[1] 商品经济蓬勃发展所带来的个体经济和私营经济在国家政策的帮助下让居民生活方式有了极大改变，市域社会的形态和特征发生了不容忽视的变化，故而迫切需要一种新的基层社会管理模式的出现。[2] 此时，伴随着国有企业改革，现代化的企业制度取代原有的单位制，市域社会管理中出现了由政府主导、居民和非政府组织共同参与的社区合作体制的社区治理模式。1991 年，民政部提出了我国基层治理的新路径，也就是全力推进社区建设，我国城市基层管理机制因为这一理念的提出而进入社区建设这一个新阶段，许多地区均实施了社区制度改革，将一定的权力下放给街

---

　　[1]　伍玉振. 赋权增能：新时代城市社区治理的新视角 [J]. 中共天津市委党校学报，2021，23（5）：87—95.
　　[2]　张勤，宋青励. 韧性治理：新时代基层社区治理发展的新路径 [J]. 理论探讨，2021（5）：152—160.

道和社区并削弱单位的影响。^① 通过层层传导，街道和社区获得了一定程度的具体的行政权限，足以对社区进行管理。这种治理模式实际上是通过政府体制改革和市场经济体制改革共同作用而推动建立起来的，其最大的特点是社区治理坚持相关政府主导组织的合作原则，政府和社区组织之间有领导和合作的关系。这种以社区治理为形式的社区合作机制有效地满足了国家城市管理转型阶段的需要，维护了社会稳定，提供了社区自治，在促进城市发展中发挥了重要作用。但随着市场化改革的深入，也出现了许多问题。例如，社区治理变得过于行政化，社区从依附于"单位"变为依附于街道，成为街道各项政策命令的"传声筒"和执行者，并不具备足够的主观能动性。^②

（三）社区自治制的城市社区治理模式

为加强社区管理，提升市域社会治理水平，1999 年民政部提出构建与社会主义市场经济体制相适应的社区建设管理运行机制。这一目标的提出主要是由于 20 世纪 90 年代中后期以后，社会开始从传统的熟人社会向陌生人社会演进，社区内居住的成员相互之间并不认识，亦无交流与熟悉之动力或必要。^③ 在这一大背景下，社区开始逐渐脱离政府的直接管理，为了满足社区自治需求、自我管理需求等社区居民们自发成立的业主大会、业主委

---

① 刘洁. 基层政府在社区治理共同体中的角色定位［J］. 人民论坛，2021（26）：90－92.
② 张庆贺. "行政激活治理"：社区行政化的新阐释［J］. 求索，2021（5）：110－118.
③ 周红云. 社区治理共同体：互联网支撑下建设机理与治理模式创新［J］. 西南民族大学学报（人文社会科学版），2021，42（9）：199－205.

员会、社区议事组织等也在蓬勃发展。① 随着和谐社会的到来，构建和谐社区也被纳入地方国民经济和社会发展规划，其目标是建设社区级别安全舒适的环境，营造友好和谐的社区氛围。

进入新时期，随着依法治国体系建设、国家治理体系建设和治理能力现代化建设的落实，特别是随着城市社会治理现代化的逐步完善，依法社区管理已成为社会各界和政府的共识。社区的自治、德治、法治、智治等日益成为城市社区建设和治理的重要目标，而社会转型时期的各项矛盾积累和风险释放也对我国城市社区建设提出了新的挑战。现在，以法治为基础的社区管理框架体系的理念主要集中在党委领导之间的协调和科学分工上。② 政府相关人员等主体淡化行政权力在社区管理中的作用，使社区成为基层自治组织。现有的社区网格员、调解员、法律工作服务室等制度实践，为我国市域社会治理现代化下城市社区治理法治化建设提供了相当丰富的理论指导和经验积淀。

① 赵秀玲. 中国城乡治理的升级再造 [J]. 东南学术，2021（5）：54－67＋246.

② 李浩，郝儒杰. 制度、政策与机制：中国特色社会治理体系的运转机理 [J]. 中共福建省委党校（福建行政学院）学报，2021（4）：38－44.

第三节　市域社会治理现代化与社区治理法治化的良性关系

一、社区治理法治化为市域社会治理现代化提供制度助力

法治是对国家治理、政府治理和社会治理的共同尊重。法治是国家治理体系和国家治理能力现代化的关键，社区是基层治理的基本单位，是不同社会群体的集中地，是社会关系的交错区域，是社会组织的起点和社会资源的载体。在这一基础之上，社区治理的法治化能够理顺主体关系、筑牢依法治理格局，为市域社会治理现代化提供制度助力。

自从大规模的城镇化政策全面铺开以来，历经数十年的社区治理已经具备法治社区雏形，但是仍然存在较大的优化空间，还需要填补优化这些内容方能更好地与市域社会治理现代化的内在要求相互契合。[①] 申言之，社区治理法治优化要求社区主体和相关参与者，运用法治思维和法治方式，在遵守法律法规、尊重法治精神、遵循法治逻辑的前提下，有效预防和化解社区各种矛盾

---

① 丁琼. 我国社区治理风险态势与处置对策［J］. 领导科学，2021（16）：42—45.

和风险。① 社区治理的法治化需要在法治框架内优化社区范围的
政治、经济、文化以及社会人文环境等资源配置，并且依靠法律
法规等正式制度与社规民约、业主大会公约等非正式规范来构建
有序协调的运行体系，实现市域社会治理与社区治理的良性互
动、共享共治。② 显然，社区治理法制化也会带来良好的法律治
理环境，最终实现社会经济和个人稳定、高品质、全面发展。因
此，社区治理法治化程度更高，社区治理更接近善治，社区对城
市社会治理现代化的支撑作用更强。

　　社区作为社会管理现代化的最小集约单位，与群众有着密切
的关系，发挥着重要的作用。简单地说，社区管理中法治的优化
程度直接关系到社区治理的有效性和实效性，以及是否符合城市
地区社会治理现代化的要求。它还是社会治理健全发展的条件和
基础，也是贯彻以人为本思想的基本体现。社区作为一定范围内
的生产生活区域，不可缺少的共同因素包括稳定的管理组织、一
定的社会氛围、固定的地理区域和特定的人口。居民安定有序的
生活环境依赖于社区的法治。作为国家治理系统和治理能力现代
化的重要组成部分，社区治理主体应树立法治信念，善于运用法
治思想和法治模式，提供全面多样的服务要求逐渐改变至今为止
的单一管理模式。也就是说，社区治理的法治化要求社区治理主
体从法治的视点和范畴看各种各样的社会利益和社会关系。运用
法治的理念，实施社区管理，革新社区服务，不断改善治理方式
和相关制度，最终实现社区治理法治化。优化社区治理的关键是
党委的领导和政府的责任，需要社会各组织、团体和个人的积极

---

① 张勤，宋青励. 以新发展理念引领社区治理创新 [J]. 中国行政管理，2021
(8)：149-151.

② 潘泽泉. 政党治理视域下中国共产党领导的基层社会治理 [J]. 中南大学学
报（社会科学版），2021，27（4）：31-40.

参与。也就是说，在依法推进和优化社区管理的过程中，相关基层组织根据宏观宪法法律和微观社区规范，在公共利益的基础上必须有效地提供满足社区需要的公共服务。[①] 此外，基层政府还应探索市场和社区认可的原则以及加强基层政府、住房委员会和社会组织的协调与合作。加强依法治国，为城市社会现代化提供长期有效的制度支持。

二、市域社会治理现代化是社区治理法治优化的目标升格

市域社会治理现代化的内在要求与依法治理社区的总目标高度契合，是社区治理法治化的目标升格，市域社会治理现代化需要通过制度优势嵌入社区治理领域，促使社区治理法治化在明确相应的功能边界和运行规则后能发挥出制度效能。

市域社会治理现代化下，社区治理法治化的基本目标是实现良法善治。就社区治理的法治化而言，其基本目的正在于"善治"，即通过政府、公民和非政府组织之间的良性互动，对公共生活进行协调管理、使公共利益与个人利益诉求之间的张力得以弥合。[②] 社区治理法治化要求先前由政府大包大揽的社区治理权限回归于社区成员手中，而善治理念则将这一权限回归进行匡正，并依据法治化的相关特征结合成一套独特的价值衡量标准，包括合法性、标准性、公平性、透明性及有效性等多维度内容。

① 陈晓春，肖雪. 共建共治共享视角下我国社区分类治理研究［J］. 湖南大学学报（社会科学版），2021，35（4）：49－54.

② 赵浩华. 利益分析视角下社区治理主体间的冲突及其化解［J］. 行政论坛，2021，28（4）：121－126.

合法性是善治的主要标准亦是核心标准，国家法律法规不可能恰到好处地对社区治理的微观环节予以全面规制，故而留下了一定的真空地带，需要社区治理主体在此起作用。具体而言，要使社区治理的各项权能能够顺利行使，主体需要多元化，而且主体所依循的法律法规和制定规范需要具有可操作性，对社区成员而言具有稳定性和可预见性，当其权益受到侵犯时亦需有救济渠道。① 质言之，社区治理离不开法治，法治效能越好、法治化程度越高，社区治理也就越接近良法善治，契合市域社会治理现代化的要求。

社区治理法治化的基本目标是化解矛盾。随着改革开放不断深入特别是城镇化进程日益加深，社会积累的各种矛盾日益增多，所蕴含的社会风险也日益加大。但与此同时，与飞速发展的社会经济相对，社会法治意识还很薄弱，法治社会建设任重道远，社区治理法治化也步履维艰。新形势下，各种风险矛盾逐渐积累，社区中的个体与个体、个体与组织、组织与组织之间偶发矛盾，有时难以在各自利益诉求都全部满足下达成共识。社区是城市治理的关键单元，不仅影响社会的和谐与稳定，还会干扰社会治理的进程。因此，社区治理的法治化足堪有效化解各种社会矛盾、妥善协调各方利益之任，主要原因就在于法治尊重理性，是一种理性平和而又自带国家权威的治理方式。由此，让社区成员在社区治理过程中形成一种对法治权威的潜移默化的尊崇，在依法治国视角下运用法治的强制力和威慑力，防止和消除社会不稳定因素的产生和发展，明确社区成员各自的权利和义务关系，能够防止冲突出现，抑制矛盾增长趋势。即便是在社区这一基层

---

① 吴宗友，丁京. 从区隔到融合：空间视角下城市"混合社区"的多元治理 [J].云南社会科学，2021（4）：131—138+187—188.

社会治理单元，法治化手段和方式也初显成效，不少社区争议在调解无果后会选择走向诉讼程序解决，法律在争议解决中的作用越来越大，社区成员以法治手段来化解矛盾、解决争端的意识日渐上升，成为市域社会治理现代化法制层面的坚实基础。

　　社区治理法治化的内在目标是形成规则意识。正如上文中所指出的，尽管社会法治意识还处于较为薄弱的水平，但是就市域社会而言，社区治理中的法治支撑日益坚固。① 随着时代的发展，社区成员的法律意识明显增强。但仍存在不敢运用法律武器维护自身权益的情况，在社区治理中对首先寻求法律支持畏葸不前。有鉴于此，社区治理中的法治化进程所确定的内在目标，就是引导社区成员尊崇法律，积极践行法律法规，从消极守法或功利用法转化到遇事找法、办事用法、积极学法，进而构筑其规则观念。社区治理法治化从某种程度而言其实就是"规则之治"，因此随着社区治理向法治化进程持续演进，社区成员所享有的社区权利和所应承担的社区义务都需要有法律法规作为依据而不能凭空设立，社区成员应自觉接受法治的规则和约束。诚然，如果单纯按照"法无禁止即可为"的大框架来进行治理，则容易导致个个不违法但人人不满意的社区环境的产生，毕竟法律留下的空白如果完全没有某种规范进行引导，则会进入无序状态。因此，社区治理的过程也需要德性规则的参与，这使得人们更容易尊崇和理解法治。法治规则与道德规则内化为人们的思想规则时，虽然具有不同的治理效果，但共同构成了社区治理的基础。因此，在社会良性管理的情况下，法治水平越高，就越能促进德治的发展，而德治又是法治的强大助力，故而在社区治理的法治化进程

---

　　① 陈建国. 城市社区事务治理与合作型权力结构重塑［J］. 理论探索，2021（4）：71－77.

中，法治需要与德治相结合来促进公众的内在规则意识，与市域社会治理的现代化意涵相符。

第四节　市域社会治理现代化下社区治理法治优化的应然要义

一、激活社区主体依法治理效能

社区主体依法治理除了本身的法治思维、法治意识和法治能力等方面的制约以外，也受制于一定的制度环境，故而需要以相应手段熨平制度褶皱，激活社区主体依法治理效能。

首先，遵循市域社会治理现代化要求，实现社区依法治理，可以以法律为根本遵循来制约政府对社区工作的过度干预。在当前的市域社会中，毋庸置疑的是地方政府掌握大量资源，在社区治理中处于强势地位与主导地位。而反观社区组织特别是社区内的自治性组织，则往往具有资源短缺、能力不足的特点，处于显而易见的弱势地位。因此，尽管在法律上居委会的定位是基层群众性自治组织并且具备自我管理和服务群众的职能，但在实际运行中，以街道办为代表的政府组织往往直接领导着社区的工作，而居委会则不得不承担着过多的行政命令，成为街道办的传声筒或办事员，自治性被大幅削弱。政府组织在社区治理领域的过渡扩权，仅靠社区成员的匡正无疑收效甚微，而街道办相对于居委会在人力资源、财政资源方面的优势地位也导致了平等协商可能性较低，故而需要以完善的法律法规来明确社区治理中政府的权能和限度，既让政府在特定事务中行权履责，又让政府对其他自治性事务不过分干预，实现社区治理的健康发展。

其次，社区的依法治理能够保障社区自身的权利。社区发展时间较晚，治理经验沉淀尚且不足，加之法律上尚未对社区的主体地位予以明确，故而导致社区自身的权力义务尚不明确，也不独立享有权利或义务资格。比如，饱受争议的社区财务的支配权何去何从的问题，社区的财产支配权究竟是属于街道办还是属于社区全体居民，抑或是属于管理收入的相关社会组织？法律上的留白导致了社区管理上事权和财权的混乱，而在市场经济体系中，社区因缺乏足够明确的法律定位而缺乏财权，则社区自治的各项必要花费难免受制于其他组织，自治性也就大打折扣。有鉴于此，社区治理的法治化需要以法律形式保障社区自治权利能在实质意义上予以实现，以法律形式来保证社区权利。

最后，社区治理的法治化，也能保障社区内区民的各项权利。社区居民权利保障程度直接关系到社区成员的幸福感和获得感，更关系到社区治理的实效。市域社会治理现代化下，权利的实现和保障必须依据法律法规，社区居民所享有的法定权利得到有效保障，所承担的义务得到依法落实，是对整个社区居民群体的共同权利的维护。质言之，社区治理法治化是以法治手段来维护社区内居民个体和群体的权利，促进他们积极参与社区治理。

二、实现多元共治的社区治理格局

加强社区治理体系建设，推进基层社会治理中心建设，坚持和完善共享治理的社会治理体系，在党的组织领导下，完善自治、法治和道德治理相结合的基层管理体系显现了多元社区治理的重要性。市域社会治理现代化也要求治理手段和治理能力的提升，社区治理法治化更是有着民主治理、规范治理、协商治理的要求，以期共同实现社区治理的多元共治格局。

构建共建共治共享的治理体系是新时代基层治理的题中之义，需要治理各方凝聚力量达成共识以提高社区治理的有效性。多元共治是一种整体性、系统性治理思维，主张在治理过程中有效协调多个主体之间的关系，使多个主体在纵向和横向上实现多重联合治理，进而创造一种科学完善的治理体系。与之相对应的事实是，经济飞速发展下社区成员之间存在着不同程度的矛盾，进而社区共治不易联合而出现群体碎片化的态势。为了消除这些矛盾并解决共识问题，有效保证治理方法和治理目标的一致性，需要以整体性、系统性思维来考量社区治理的责任义务和权利利益的分配协调。政府虽对社区自治进行过度干预，但是在方式方法层面的引导则是不少社区所急缺的，如何通过各种议程设置和议题选择来畅通社区居民表达渠道，凝聚出可接受的共识，成为社区共治的当务之急。共建共治共享的关键点就在于"共"字，如果抛弃社区边缘群体或者罔顾少数群体的声音，那么多元共治的格局就将缺乏足够的参与度，其执行实效也将大打折扣。

多元共享社区的治理情况符合建立共同建设、共同治理、共同享有的社会治理模式的目的，是推动城市地区社会治理现代化的重要助力，以实现社会治理的共同参与，构建全民参与的开放治理体系。多元共治所体现的多方参与治理，具有完善社区治理功能、促进社区治理体系现代化的核心本质，具体表现为：第一，健全社区服务管理机制。市域社会的社区多元共治的治理模式，将会引导党委及政府部门、社区组织、居委会等转变治理理念和方式，注重推动非政府组织和社区居民来参与社区治理。第二，推进社会治理共同体建设。新时期以来，党和国家的宏观政策多次强调要加强和创新社会治理，建设每一社会个体都负责而又共享的社会治理体系。社区的多元共治正是在这一理念上，充分调动政府、社会、公民社会等多方面力量，坚持以人为本主导，各方参与，促进政府治理和社会适应之间的良性互动。第三，完善社区治理体系建设。社会治理是国家治理在基层治理中的投射，是国家治理的重要一环，社区治理是社会治理的重要组成部分，多元共治的治理模式畅通了群众参与基层社会治理的制度渠道，促进了社会治理和基层服务的双向聚焦，以更加完善的方式嵌入社区治理法治化的目标图景中。

三、助益市域社会治理现代化的基层实践

市域社会治理现代化所聚焦的对象是"市域"，而市域范围较为广泛，如何将这一宏观理念转化为基层治理的制度效能需要进一步拓展。[①] 市域层面资源富集、制度体系较为完善，故而市域社会治理现代化下社区治理的法治化，能将市域层面的各种资源下沉或转化到基层，打通"市域"到"社区"的传导路径。不但为城市居民提供更好的精准化、精细化服务，还可以及时发现各种风险隐患，将矛盾在基层化解。市域社会治理现代化所倡导的治理理念，可以助力社区治理主体解决治理过程中的困难和挑战。随着我国市场经济体制的不断完善，社会结构逐渐由过去的封闭向开放转变，因之也需要纳入更多的治理主体以应对碎片

---

① 丁巍. 中国社区治理的法治运行逻辑与建设路径［J］. 学术交流，2021（6）：56－66.

化、地方化、不规范化的治理症结。市域社会的矛盾日益复杂突出，基层维度的社区治理中多元主体的权力与权利的关系趋于失衡，社区治理创新多样性与统一性矛盾日益突出。因此，以市域社会治理现代化指导社区治理，以社区治理法治化适配市域社会治理要求，可以相得益彰地完善社区治理结构，提高市域社会治理现代化水平。无论是国家治理体系和治理能力现代化，抑或市域社会治理现代化，均从较为宏观的视域来对社会治理提出要求。然而社区治理法治化则从微观入手，牢牢把握住社区这一社会治理的微小共同体，实现市域层面的制度资源向下传导，润泽基层，进而将市域社会治理现代化的制度效能辐射到基层，助益基层社会治理实践。

第二章

市域社会多态社区治理的实证分析

市域社会的社区类型不一，功能也不尽相同。根据每一社区所处的地域、人口组成特征、所承载的功能等因素，可将市域社会中的社区分为四类，即涉农社区、生产型社区、民族社区以及流动人口社区。本书研究的域态分层下的各类社区如图 2-1 所示。

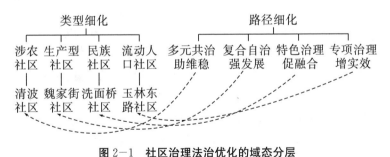

图 2-1 社区治理法治优化的域态分层

第一节　多元共治助维稳：
以城市中的涉农社区为例

本节着重对涉农社区中具有代表性的清波社区在社区治理中
的经验、做法，进行描绘，旨在从基层社区治理的实践出发，寻
求涉农社区在社区治理中面临的特殊问题、特殊方案、特殊模
式，为社区治理法治化的整体完善提供具有证明意义的经验材料
与具有阐释功能的理论解读。

一、城市涉农社区治理的实证考察：以清波社区为实证样本

苏坡街道清波社区于 2004 年 6 月，由原苏坡乡清波村经村
改居设立，位于成都市西三环外侧，清波路以南，蜀鑫路以西，
南接清水滨河路，西抵清水河，面积约 0.85 平方公里。

辖区人口 2.3 万余人，居民小组 19 个，是由涉农社区向城
市社区转变的复合型社区。社区党委下设 10 个党支部，现有党
员 262 人。辖区内有 6 个商业楼盘、4 个安置小区、1 个老旧院
落、5 所幼儿园、2 所小学、1 所骨科医院、1 所疾控中心。辖区
内的 IT 大道、三环路等道路连接贯通社区的东西南北，社区紧
邻地铁 4 号线和成都西客站。社区党委聚焦共建共治共享，扎实
开展党建引领社区发展治理。

本章的实证材料主要有如下几个方面：①清波社区各部门的

规范性文件；②清波社区各部门的总结性材料；③清波社区各部门的统计数据；④课题组赴清波社区各部门收集的图片、文字等材料；⑤课题组赴清波社区各部门进行针对性访谈所收集的谈话记录等。

二、城市涉农社区治理法治化的基本方法

　　根据课题组的调研，清波社区基层治理法治优化的进程在取得一系列进展的同时，也依然存在一些不足和改进的空间。随着城乡一体化的深入推进，清波社区已由十余年前的农村社区，成长为城乡居民共融共荣、安居乐业、稳步发展的复合型新型社区。清波社区在基层社区法治优化的过程中产生的问题，有很多都是涉农社区在社会发展与法治建设过程中会产生的共性问题。一是伴随城镇化进程的征地拆迁等问题，涉及多方利益冲突，极易演变成社会的不稳定因素；二是随着城镇化水平的不断提升，城市管理压力加大，执法工作遇到的新情况、新问题；三是违法占地、违规建房、毁林开垦等行为较突出。清波社区属于在我国城镇化进程加快过程中形成的涉农社区，发展时间较短，部分地区发展水平较低，与治理相关的制度还未完全形成，基层群众的法治意识和法治观念还没有普遍形成。该社区转型时间较短，脱贫攻坚任务较重，同时由于位置、发展水平以及当地居民的劳动技能等因素，该地区社会治安工作还有待加强。因此，清波社区市域社会治理法治优化的过程中需要解决的难题主要是在保证社会治安有良好秩序的基础上，实现社会治理水平全方位的发展与进步，提高依法治理的水平，解决因法治意识淡薄，法治能力欠缺所带来的犯罪率上升、营商环境不佳等问题。

经过实证考察，清波社区法治优化的基本方法，包括如下三方面。

第一，把维护安全稳定作为前提基础。清波社区作为在城市化进程加快过程中形成的具有农业特色的基层社区，涉农人口多，安全形势复杂严峻，如何在保证经济发展的同时保证社会长期稳定，是基层社区法治优化过程中需要考虑的重要问题。清波社区在这一方面做出了有益探索。针对社区内的贫困人口，清波社区推动攻坚工作精准化，重点开展并精准实施"七个一批"扶贫开发攻坚行动计划。实施有特色产业发展政策、创新创业富强政策、低水平社会福利政策、医疗保障支援政策、移民安置政策、移民配置政策、民俗整合政策和戒毒支援政策。其内容精准对接普通贫困人口、技术资金缺失型人口、特殊贫困人员、因病致贫人员、生活方式落后民众与涉毒贫困人口。清波社区采取有力措施，有的放矢地化解突出矛盾，解决突出问题。例如，强化基础设施建设，特别是强化交通道路建设，实现县、乡、村道路通达，形成网络；强化住宅建设与安置工作，大力推进新农村居住条件改善；促进教育水平提升，推动义务教育，强化教育优先；加快医疗卫生事业发展，提高医疗卫生服务可及性和保障水平；加快完善供水供电保障体系，加大项目支持力度；建立完善科技服务体系，提高农业生产力；持续推进生态扶贫工程，筑牢贫困地区持续发展生态本底。针对生产安全问题，清波社区制定了一系列安全生产制度，首先是事前的安全生产制度，包括安全生产检查制度以及安全生产例会制度。其次是事中的安全生产应急救援制度。最后是日常的安全生产宣传教育制度。

第二，把基层党建作为根本保障。在调研中我们了解到，在清波社区的发展改革过程中，形成了一个重要的共识，即推动社区治理法治优化，关键在强化基层党组织的领导与保障。为此，清波社区制定了《清波社区"微党校"管理制度》《清波社区党员缴纳党费制度》以及《清波社区兼职委员制度》等一系列具体制度。在此基础上，清波社区不断深入开展基层社区治理法治优化，坚持以党建引领持续提升群众满意度为工作方向，以抓实"两学一做"学习教育、推动全面从严治党向基层延伸为基本思路，坚持目标牵引、问题倒逼、过程控制、考核问责，以月度会议、半年审查、年度村级审查的形式，重点执行县市总体把控、乡镇责任制工作模式和实施机制，从支部实施、党员模范、群众参与等方面进一步激发支部活力，突破瓶颈，弥补差距，巩固基础。充分发挥党员的模范作用，为决战贫困、转型跨越提供坚强组织保障。具体来说，主要包括如下工作举措：一是坚持目标牵引，精准谋划部署，着力解决基层党建思路不清、方向不明等问题。要求明确工作任务、建立责任清单、制订每月计划。二是注重乡村联动，实行月会推进，着力解决基层党建落实机制不畅、乡村党组织作用发挥不佳等问题。三是建立三项制度，强化跟踪问效，着力解决基层党建督查问责不严、群众满意度不高等问题，即建立督查通报制度、过程控制制度、满意度测评制度。

　　第三，把宣传教育作为工作着力点。在调研过程中课题组了解到，清波社区为不断提高社区的文化氛围，满足居民不断增长的文化需求，把社区建设成为文化生活丰富、文化特色鲜明、文化氛围浓厚、运作机制健全和居民参与程度高的高质量文明社区，组建培养了高品质的兴趣社团，打造了清波品牌、清波样板。例如，制定了《清波社团星级评比考核细则》，对于相关社团在社区活动的基本要求、提升要求以及奖励机制进行了明确规定。

三、城市涉农社区治理法治化的优化路径

第一，培育多元共治的治理格局。多元共治的治理格局是一种充分发挥社会、市场以及群众作用，与政府一起构成社区治理的重要力量的治理模式。与以往的政府在治理过程中发挥主导作用不同，多元共治的治理格局更加注重发挥市场的作用，更能激发群众积极性。在涉农社区中培育多元化的治理力量，引导市场和居民有序参加社区治理的过程，有利于优化治理模式，提高治理效率，也是促使农业化生产向市场化方向转型，提高涉农社区生产水平的必然要求。政府主导的社区治理模式在过去一直是我国社会治理的主要模式，在改革开放的过程中，市场的作用在社会治理的过程中不断得到重视。但是以往的由政府发挥主导作用的治理模式依然存在，在以农业为主要生产手段的涉农社区，这一问题更为严重。因此，培育多元共治的治理格局，首先就要让政府在社会治理的过程中更加尊重社会和市场，逐步淡化行政主导的色彩。其次，政府要为市场主体参与社会治理提供宽松友善的环境。市场主体作为新兴的治理力量，在参与社会治理的过程中可能会产生一系列的问题，导致难以适应新的多元共治的治理模式。这时，宽松友善的市场环境往往对于市场主体发挥作用具有重要影响。最后是加强对市场主体的监管。市场主体作为盈利主体，会由于其逐利的特性产生危害市场秩序和群众利益的倾向，因此对于市场主体的监管就应当成为涉农社区培育多元共治的治理模式的重要内容。

第二，完善相关立法。社区治理法治化是一种将治理行为纳入法治轨道的治理模式，因此系统完备的规范性文件是发挥治理

效能的前提和基础。在社区治理过程中发挥重要作用的规范性文件不仅包括法律和行政法规，还包括社区居民通过民主协商制定的村民公约或者自治公约。这些自治公约具有更大的自治性，对于居民自治的要求有更充分的体现，也是在尊重法治原则的基础上对于涉农社区居民利益的充分体现和尊重，兼顾了居民自治的要求与依法治理的要求。关于涉农社区治理法治优化的立法，首先应当对社区治理法治优化的基本原则和理念进行明确表述。在具体的实施中也应通过立法对于人员配备、认定标准以及就业帮扶进行规定，保证社区治理的规范化和法治化，使得社区治理法治优化的过程更加平稳流畅。其次要尝试制订专门针对涉农社区的立法。国内有关学者建议通过部门性的城市社区管理法律法规，制定社区法。社区治理涉及面广，需要从各方面、多角度进行系统治理。关于适用于城市涉农社区的特别法律规定，应广泛考虑有关领域学者和人民代表的意见和建议，充分体现社会实践，充分表达民意和社会舆论，不被行政机关影响，不自我肯定，不自言自语，要客观、公正地制定切实可行的法律法规，体现涉农社区治理实际。涉农社区自治机关的主要职权、社区住户的自治权、国家机关、社区居委会之间的管辖权和职责等，必须在法律层面得到确认，并建立监督和报告制度，通过法律法规明确涉农社区主体的权利和责任，实现利益平衡。最后要完善涉农社区中介组织和非政府组织的法律法规。在涉农社区法治优化过程中，公共行政与居民自治之间存在一个混合的中介区，即由社会组织组成的非政府组织，它在国家与公民的互动与合作中发挥中介作用。因此，应修改现行《社会团体登记管理条例》，制定有关法律法规，对社会团体的权限、性质、服务对象、设立过程和法律责任等进行详细、具体的规范。取消严格复杂的审批程序，实行切实可行的公民申请登记制度，形成相对完善的法律法规体系。

第三，发挥科技作用。发挥科技作用是指在涉农社区法治优化的过程中要充分发挥现代科技的作用。通过科技赋能社会治理过程提升治理效能。对于相关人员以及物资的流动情况也能更加准确及时地了解，实现供给与需求的准确匹配，提高资源利用的效率。发挥科技作用首先要建立统一的数据和分析平台，通过平台的建立实现相关数据的汇总和整合，并在此基础上对数据进行分析和利用，为涉农社区治理水平的提高提供平台支撑。其次是提高相关领域规范性文件的制定速度。科技手段在治理过程中带来巨大便利的同时，也带来了巨大的风险。如果利用不当，就有可能对社会产生严重危害。因此需要以法治确保科技能够在正确的轨道上进行，通过相关规范性文件的制定实现对于科技使用的监督和管控，通过法治手段防范技术风险。最后是注重对于相关人才的培养。对技术的利用作为高度专业化的活动，需要相关的技术人才实施，充足与可靠的技术人才是相关工作顺利进行的保障。对于相关人才的培养不仅应包括相关技术能力的培养，还应注重法治意识和法治思维的培育。相关技术人员在开展工作的过程中应当自觉遵守法律，主动学法守法，将法治原则和法治精神作为开展工作的要求，依照相关规范开展工作。

第四，体现社区特色。涉农社区在产业上对于农业的侧重会产生与其他类型的社区不同的特点，这些特点需要在法治优化的过程中被尊重和体现。新形势下涉农社区法治优化的过程，需要更深入、更全面地坚持法治建设的要求，并将涉农社区自身的特点与法治建设的普遍要求进行结合。从根本上来说，法治建设根源于并且服务于人民的生产生活，是社会生活的一部分。因此，法治建设的开展必须重视不同地区的差异性，包括每个地区的经济、历史和文化等要素。新时代的涉农社区法治优化过程，需要更加精准，更加贴切地体现涉农社区的地区差异和结构特质。这样做的原因在于，法治优化工作的开展需要依据地区的特点系统谋划，体现地区的治理实际。

第二节 复合自治强发展：
以城市中的生产型社区为例

本节着重对生产型社区法治优化的经验、做法进行描绘，旨在从生产型社区治理的实践出发，寻求基层社区治理法治优化的特殊问题、特殊方案、特殊模式，为社区治理法治化的整体完善提供具有证明意义的经验材料与具有阐释功能的理论解读。

一、城市生产型社区治理的实证考察：以魏家街社区为实证样本

龙泉街道魏家街社区成立于 2018 年 4 月，辖区面积 1.5 平方公里。东临艺锦湾，与合龙社区相邻；南至北泉路；西至东风渠，与界牌社区相邻；北至桃都大道，与书房村相邻。辖区主要范围是果壳里的城和皇冠湖一号 2 个居民小区，总户数 10193 户，服务人口 35675 人，常住人口 31741 人，低保户 1 户，优抚对象 3 人。居委会下设 11 个居民小组，社区议事会成员 21 人。社区党委下设 4 个党支部，6 个党小组，现有在册党员 150 人，区域化党建共建单位 17 个。

本章的实证材料主要有如下几个方面：①魏家街社区各部门

的规范性文件；②魏家街社区各部门的总结性材料；③魏家街社区各部门的统计数据；④课题组赴魏家街社区各部门收集的图片、文字等材料；⑤课题组赴魏家街社区各部门进行针对性访谈所收集的谈话记录等。

二、城市生产社区治理法治化的基本方法

第一，强化基层廉政法治建设。从法治建设的阶段性重点来说，没有廉洁社区，就不可能有法治社区，因此，对于以魏家街社区为代表的生产型社区来说，就需要构建党委领导下多元主体协同参与的廉政法治建设模式，不断调动基层党组织以及社区群众的积极性，全面提升基层党组织"关键少数"的法治意识和法治能力，提高基层社区的法治化水平。在调研过程中课题组了解到魏家街社区对于基层廉政建设常抓不懈，"一把手"带头学法守法尊法用法，各种形式的廉政建设不断开展。2021 年 4 月 23 日下午，魏家街社区组织全体党员开展党风廉政建设警示教育学习会，社区两委成员、党员共 50 余人参加学习。警示教育会上，魏家街社区纪检委通报了《成都市纪委监委通报的 5 起重点行业领域突出问题系统治理典型案例》。参会人员观看了《今晚 800 特别节目——坚持不懈纠"四风"树新风》。该视频通报了 2021 年 1 月至 3 月全市查处违反中央八项规定精神问题等情况，曝光了新都区某社区党总支委员以"团年"的名义违规收受红包礼金的案例。魏家街社区纪检委结合社区实际对全体党员和两委成员提要求：一是立足源头治理，不断加强廉政防线；二是聚焦正风肃纪，驰而不息纠四风；三是紧盯痛点难点，脚踏实地解难题。加强对于社区财务工作的审计监督是提高社区廉政水平的重要举

措。课题组在调研过程中注意到，魏家街社区对于社区治理过程中的财务情况每个月都在相关网站上进行详细列举和公示。例如，魏家街社区居委会在 2021 年 8 月公布的财务信息中对于该社区在 8 月发生的财务收入和支出情况进行了详细列举，对于每一笔收入和支出的时间、缘由以及金额都进行了公示，并写明了银行存款的期初余额和期末余额，方便居民查证。

第二，扎实推进法治宣传工作。通过对魏家街社区的实证考察，可以看出魏家街社区在基层治理法治优化的过程中的重要特点就是对于法治宣传活动的重视。社区通过开展法治大讲堂，对社区全体居民进行普法宣传教育。在最近的法治大讲堂中，专家对于民法典制定实施之后的变化和亮点进行了细致的讲解。课题组认为，这样的法制宣传教育的开展正是社区治理这一微观治理样态对于国家治理这一宏观治理样态的独特优势，也是对于国家治理的有益补充。在开展法治大讲堂活动之外，魏家街社区还根据不同的主题，进行法治宣传教育活动，如"国家安全教育日"主题宣传活动、"防诈骗·护万家"普法宣传活动以及《保障农民工工资支付条例》普法宣传活动等一系列法治教育和宣传活动。根据课题组调研，这一系列普法宣传活动中具有代表性的活动主要为"宪法宣传周"的各项活动。为深入开展落实宪法宣传活动，切实做好"12·4"国家宪法日宣传，提高居民知法水平。2020 年 12 月 4 日上午，魏家街社区组织全体工作人员、居民组长、党支部书记共计 20 余人召开宪法宣传会前普法活动。会上，社区居委会传达了"宪法宣传周"的重要意义，随后就社区开展"宪法宣传周"各项活动进行了详细部署安排：一是深入学习《宪法》的相关内容；二是做到尊崇宪法、学习宪法、遵守宪法、维护宪法、运用宪法；三是深入开展"宪法宣传周"各项活动；四是开展宪法宣传活动进小区普法活动，增强社区居民的法治和法律意识，自觉学法、守法、用法，为小区营造良好的社区法治氛围。为进一步提升居民法律意识、法律素质和维权意识，让居民知晓更多维权途径，以解决居民群众身边的涉法问题，2019年9月16日，魏家街社区开展"法治宣传进万家"活动，宣传活动中主要向居民介绍了龙泉驿区于2018年10月成立的公共法律服务中心及"12348法律服务热线"，发放以案说法宣传册共300余份。通过此次活动居民增强了维护自身合法权益的能力，获得了法律咨询的途径。居民用法律武器来维护自身合法权利，依法处理矛盾纠纷，有利于避免矛盾的激化以及维持社区治安稳定，推进法治社区的建设。为让居民远离毒品，更加了解毒品的危害，2020年8月18日，魏家街社区又一次开展"法治宣传进万家"活动，宣传《中华人民共和国禁毒法》。向居民介绍了毒品的种类和危害、毒品违法犯罪的法律责任、拒绝毒品的方法，以及龙泉驿区是如何积极参与禁毒斗争的。通过此次活动居民增强了识别毒品的能力，从思想上拒绝毒品、远离毒品，认识到发现毒品应立即举报，共同构建和平、稳定的生活环境，此次活动保证了社区治安稳定，推进了法治社区、和谐社区的建设。

第三，法治护航经济建设，优化营商环境。对经济社区实行良好有序的法治是社会治理的重要目标，也是法治建设的重要的目的指向。通过基层治理法治优化改善营商环境，保障经济发展，是生产型社区进行法治建设的重要举措。魏家街社区在基层治理法治优化的过程中通过一系列执法专项活动，承接上级的指令要求，不断通过法治手段护航经济发展。社区积极配合区公安分局查处制售伪劣成品油和污染环境等犯罪行为，向相关部门移交"黑油"违法犯罪案件的线索以及提供成品油运输车交通违法行为的线索，打击违规运输危化品类危险驾驶犯罪；配合查处非法存储、销售"黑窝点"；配合相关部门做好工业企业内部加油站（点）摸排工作，督促工业企业用油来源合法不对外销售，并协助提供相关线索，就查处的不合格成品油的存储、处置的问题及时上报区经信局。按照《成都市 2021 年大气污染防治工作行动方案》《成都市生态环境保护责任清单》《全市再生资源回收站（废品收购站）周边环境专项治理工作方案》文件要求，对无需取得许可但又未依法取得营业执照从事经营活动的干洗、洗车、再生资源回收等行业无照经营行为，及登记地址不符的经营行为进行查处。对餐饮行业开展无证无照经营专项整治，检查经营者是否依法取得《营业执照》《食品经营许可证》《四川省食品小作坊备案证》《四川省食品小经营店（食品销售）备案证》《四川省食品小经营店（餐饮服务）备案证》等相关证照，对未经许可擅自从事餐饮服务的经营行为进行查处。按照《机动车维修管理规定》《无证无照经营查处办法》等法规要求，对未按规定进行备案从事机动车维修的经营行为进行查处。

三、城市生产社区治理法治化的优化路径

第一，以法治宣传促进法治意识增强。通过调研，课题组注意到魏家街社区对于法治宣传进行了特别强调，要求：①成立普法依法治理机构，明确普法联络员，落实专人负责机制。②制订并实施年度普法、依法治理工作计划，形成半年、全年工作总结并按照规定时限报送。定期召开法治建设工作会议，研究部署工作任务。③法治建设工作经费保障有力。④加强法治宣传阵地建设。法治文化氛围浓厚，在门户网站设置普法专栏，设置法治宣传橱窗，有条件地开通法治宣传微博、微信、手机报等，扩大法制宣传覆盖面。⑤积极开展专业法律法规知识宣传。结合职能，

利用"12·4"中国法制宣传日、各类纪念日、宣传月、宣传周及其他重要时间节点，面向社会积极开展各类法律学习宣传活动，每年不少于2次。⑥普法和依法治理档案齐全，按年度和要求装订规范。此外，魏家街社区建立完善基层干部集中学法、一村一法律顾问等制度，开展集中学法15场次，不断增强基层干部依法决策、民主管理的能力和水平。强化普法阵地建设，在居民委员会建立法治宣传栏，依托"农家书屋"建立配备藏汉"双语"普法读物或法治音像制品的法律图书角。组建法治宣传队伍，深入开展法律"七进"活动，开展"民主法治示范村"创建，培养"法律明白人"（社区普法员）10人。

值得注意的是，从形式上看，法治宣传的手法日趋多样，法治宣传的渠道日趋多元，法治宣传的频率日趋提高。但在调研中，课题组发现针对村民个体被动接受的法治宣传，实施效果存疑。一些法律宣传和教育的形式过于简单，有些时候停留在设立宣传牌、张贴海报等形式。对于宣传的媒介和形式缺乏创新，没有考虑受众的感受，造成法治宣传效果不佳和资源浪费。在之后的法治宣传工作中应当更加重视对宣传媒介和方式的思考，通过群众更加能够接受的方式进行普法宣传，如制作普法动画、法律知识问答等形式，细化宣传手段，提高普法宣传效果。

第二，以扩大社会参与促进法治力量下沉。首先是强化城市生产社区公共组织培育和发展，构建主体多元的治理结构。基层社区作为社区治理法治建设的实践者，应该积极培育和引导社区公共组织的成立，积极鼓励和支持社会组织团体、企事业单位、企业组织多方面地参与城市生产地区社区治理事务建设。同时，利用好社会志愿者团队的无偿服务和社区事业单位的有偿服务，有效通过政府购买公共服务等途径，提高政府公共服务供给效率。技术上，可以修正地借鉴深圳市南山区"一核多元"中的多元治理结构，即修正社区党总支、村党支部在社区治理行为中的政治主导核心作用，建立以村社党支部、村民委员会、乡村发展服务工作站、乡村安全稳定工作中心等为主的生产型社区多元治理结构。实践中，我们要特别注重对社区治理公共服务组织的培育，政府主动担当履职，通过对社区工作组织的培育促进社区治理公共性和民主性。其次是优化主体内部治理结构，强调"政社分离"，调整和完善城市生产型社区社区治理的主体架构，转变社区治理传统的行政权力管制一切的思维方式，积极组建和引进社区公共服务组织，以基层社区服务工作站或工作中心的模式，承接政府权力的转移，从而架构起更加适合生产型社区治理特色的公共治理空间。实践中，这也并不意味着进行生产型党委政府的"守夜人"角色转换，而是在现有"政府控制—社会参与治理"的社区治理模式下，逐步向"政府与社会合作共治"及"政府与社会共生共治"的模式转换，进而整体性提高社区治理法治化水平。最后是推动社区治理主体的"共建共享"，实现多元主体有序参与社区治理。"多元治理结构"的构建将在一定程度上实现社区治理权的下移和融合，更好地实现社区治理法治化。技术上，我们应该在一定程度上推进政府"网格化管理"，积极将现代信息网络技术、大数据等有条件地运用到社区治理行为，实现治理主体与治理对象在空间治理范围上的"无缝隙对接"与整合。同时，积极纠正社区党总支、村社党支部等基层党组织在社区治理中的不均衡性，即多元治理结构强化政府放权，推进社区自治。但作为内生于中国基层社区治理内部的党组织，在政策传达、治理决策等治理行为上具有突出的行政惯性。此时，便需要对生产型社区的基层党组织予以合法性和规范性引导，让基层党组织在法治的框架内有效运行，推进社区治理法治化。

第三，以民主协调促进矛盾纠纷解决。民主协调是解决矛盾的重要方式，魏家街社区通过贯彻落实《四川省纠纷多元化解条例》，对相关政策要求进行细化，制定了《人民调解方法》，明确了法治与德治结合的人民调解工作的基本方法，并对如何在调解工作中体现法治精神，同时兼顾德治进行了明确规定。法治与德治相结合的方法包括两方面的含义，一是指人民调解员在调解民间纠纷时应当遵照合法性的原则，严格依法律调解，对纠纷的解决没有具体法律规定可循时，依照社会主义道德的要求处理。二是指人民调解员在调解民间纠纷的时候，应当坚持法制教育与社会主义道德教育相结合的原则，即一方面应当对当事人宣传讲解国家现行法律的要求，进行普法教育；另一方面应在调解中提倡社会主义道德规范和善良风俗，对当事人进行伦理道德的教育。这是由人民调解工作的性质决定的，也是人民调解工作的内在要求。

第三节　特色治理促融合：
以城市中的民族社区为例

　　本节着重对民族社区中具有代表性的洗面桥社区在社区治理方面的经验、做法进行描绘，旨在从基层社区治理法治优化的实践出发，收集具有自身社会结构、发展阶段、治理特点的民族社区在社区治理中面临的特殊问题，以及制定的特殊方案、特殊模式，为社区治理法治优化的整体完善提供具有证明意义的经验材料与具有阐释能力的理论解读。

一、城市民族社区治理的实证考察：以洗面桥社区为实证样本

　　洗面桥社区位于武侯区浆洗街黄金地段，东邻洗面桥街，南邻一环路南四段，西邻武侯祠横街，北邻洗面桥横街。辖区面积0.6平方公里。截止到 2021 年 3 月，社区有省、市、区政府机关及街道办事处、高等院校等驻区单位 22 家，辖区单位宿舍及院落（小区）29 个，其中纯居民院落 14 个、物业小区 4 个；社区党委下设 3 个党支部，并成立社区纪委，现有党员 254 名，已建立院落（小区）党组织 18 个、院落（小区）民情代表议事会 14 个、院落（小区）自治管理小组 14 个；居民住户 5748 户，总人口 2.3 万人（含在校学生），其中常住人口 1.5 万人，社区少数民族常住 300 余户、总人口 2800 余人。少数民族暂住户 130 余户，流动人员 1700 余人；社区少数民族经营商家 125 家。

　　洗面桥社区自 2001 年成立以来，在上级党委的正确领导和历届社区工作者的辛勤努力下，党建引领的社区发展治理工作取得了有目共睹的成效，先后荣获了全国民族团结进步创建活动示范社区、四川省优秀人民调解委员会、成都市文明社区、成都市民族文化之家示范社区、成都市各民族相互嵌入式示范社区、成都市平安社区、成都市首届最佳自治社区、成都市法治示范社区、成都市科普示范社区、武侯区先进基层党组织、优秀文明社区、志愿服务先进集体、青年志愿者先进集体等荣誉称号。近年来先后有 60 多批次包括全国人大民族委员会、国务院法制办、国家民委、四川省政法委、四川省委统战部、成都市委统战部、成都市人大、广东省民宗委、吉林省民宗委等单位到该社区考察

和调研，对该社区建设所取得的成绩给予了肯定。党建引领的社区民族团结特色工作得到进一步巩固和发展，示范引领作用进一步彰显，社区成员的获得感、幸福感、安全感和认同感不断增强，为加快建设全面体现新发展理念的高品质和谐宜居生活社区和各民族温馨家园奠定了良好的基础。

本节的实证材料主要有如下几个方面：①洗面桥社区各部门的规范性文件；②洗面桥社区各部门的总结性材料；③洗面桥社区各部门的统计数据；④课题组赴洗面桥社区各部门收集的图片、文字等材料；⑤课题组赴洗面桥社区各部门进行针对性访谈所收集的谈话记录等。

二、城市民族社区治理法治化的基本方法

第一，以强化网格化结构为治理路径。自党的十八届三中全会以来，网格化管理正被视为一项社会治理，尤其是基层治理的政策工具。洗面桥社区依据"街巷定界、规模适度、无缝覆盖、方便管理"的原则，综合考虑辖区内的小区规模、居民素质、治安状况、交通走向等情况，把辖区内所有单位、楼舍店铺、宗教寺庙、学校医院、公共设施等纳入网格化管理。

洗面桥社区如今已经实现了社区网格化服务管理全覆盖。为确保此项工作的有效运作，财政部门足额保障专项经费，在各个网格都配备了专（兼）职网格管理员和网格信息员。通过开展分片区指导、"菜单式"培训、网格员五星级评定、满意度测评、"网格之星"评选等活动，加强提升网格队伍的业务技能。同时，充分发挥网格员职能职责，组织开展网格集中走访、特色走访、重点走访，切实做到网格内流动人口早管理、特殊人群早帮教、

治安隐患早发现，实现了广大群众各项服务需求一线连接、一网受理。此外，洗面桥社区以村居为单位，以网格覆盖面为基准，合理划分社会治理服务网格单元，根据人、地、事、物、组织等基本情况，社区划分了 5 个网格，每个网格确定了数量不等的网格服务管理人员。

网格员的职责主要为：①协助管控重点人员。及时发现重点人员（危安人员、非法出境回流人员、刑满释放人员、社区服刑人员等）的活动轨迹，对异常动向第一时间向有关部门报告。②协助管理特殊人群。及时发现特殊人群（吸毒人员、严重精神障碍患者、社会闲散人员、困难弱势群体等）的行动和生活状态，对异常动向第一时间向有关部门报告，协助开展管理帮扶和法治宣传，力所能及提供人文关怀。③协助管理流动人口。协助开展流动人口信息申报登记工作，宣传、督促网格内出租房主、用工单位及时主动申报流动人口信息，及时报告网格内流动人口的每月异常情况。④积极参与群防群治。加强巡逻走访，及时发现并报告危及安全、涉暴恐、涉枪、涉毒、涉赌、邪教活动、涉火灾等危险源和治安隐患。⑤协助做好公共管理服务。及时发现、报告并协助处理网格内公共管理漏洞，做好辖区内监控点位和线路安全保护工作，及时发现并上报公共设施损坏情况；及时收集反映群众诉求，力所能及地积极化解矛盾纠纷和协调民生服务事项。

第二，以增强群众化防控为治理手段。与网格化管理机制相适应，洗面桥社区的社区治理实践，着眼于细微之处，旨在将社会管理对象单元化、原子化，把问题发现在基层，解决在基层。在治理过程中提出提高重点乡镇专职网格管理员比例，全面摸清采集网格内"一标三实"等基础信息，将重点人员、特殊人群、流动人口的信息落在网格，构建以公安民警为主体，含网格员、

"红袖套"群防队、民兵等的群防群治力量。为此，洗面桥社区加强了公交、医院、广场等人员密集场所的治安管控，建立了相应值班值守卡点，从公检法司等专业部门和相关单位组织人员，落实了责任单位及人员，建立健全了相应的应急处置工作机制。各部门、各单位严格按照相关规范要求，落实安全保卫工作责任制，充分发挥综治（社会治安综合治理）干部、门卫、保安人员的作用，健全了内保组织，落实了人防、物防、技防措施。以社区（村）干部、民兵和群众为主体，在城区和重点乡镇建立了一支"红袖套"群防队，由社区组织管理，派出所指导考核，主要负责巡逻、防控和处突等任务。

第三，引入社会力量，培育社区治理多元化体系。首先是加强校社共建，传承民族优秀文化，丰富社区治理资源和治理手段。充分利用驻区西南民族大学丰富的文化教育资源，进一步加强校社共建，深化大学生社区实践基地和教学科研基地建设，培育和发展服务少数民族的社会组织，并依托省知识产权服务促进中心发展非遗产业，切实以文化铸魂，增强文化认同。其次是加快培育、发展社会组织和社会企业，扩大治理主体，建立多元共治的治理模式。在做好基本公共服务均等化工作的基础上，通过校社联合动态开展需求调查，不断完善面向社区各族群众的个性化服务，特别是适应老龄人员的嵌入式居家养老服务，让社区各族群众共享改革发展成果。最后是以民族文化为抓手，以基层党建为目标，强化服务，丰富活动，将洗面桥社区党群服务中心打造成多民族嵌入式管理的典范，建成传递党的理念和主张、凝聚民心民意的主阵地。深入挖掘区域历史人文资源，打造浆洗特色文创品牌，争取通过 IP 营销，引入社会资源，通过共建共享为社区"造血提能"，努力打造一个党建引领社区发展治理工作的典范。

三、城市民族社区治理法治化的优化路径

（一）注重发挥社区党建的作用

正如"一核三治"基层治理体系所表达的那样，党的建设被放置在了基层社区治理法治优化的核心地位。抓好党员这一核心，是以洗面桥社区为代表的民族社区进行社区治理法治优化的一项基本认识，也是主攻方向。洗面桥社区对党员核心地位的发挥，并非只关注于抓住"党员干部"这一关键少数，而是将全面提升党员群体的素质能力、全面强化党员群体的作用发挥，与乡村治理的中心工作紧密结合，进行了层次化、结构化的设计。

一方面，从党组织建设层面来看，主要通过"三分类三升级"工程完善党的组织建设。深入开展基层党组织"三分类三升级"活动，是四川省委组织部根据中共中央组织部《关于建立基层党组织晋位升级长效机制的指导意见》而进行的相关决策部署，旨在通过把基层党组织区分为先进、一般与后进，针对不同类型的党组织制定不同的与质量提升与改进相关的措施与方案，以此解决工作指导"一刀切"、工作考核"一锅煮"的问题，"让先进群体始终有压力、中间群体始终有活力、后进群体始终有动力"。

另一方面，从党员个体建设层面来看，则主要开展分级分类的教育与培训，推动党员个体能力与素质的提升。首先，对党组书记的培训着力于服务意识强、服务作风好、服务水平高的基层服务型党组织带头人队伍建设。其次，对村干部的培训着力于提

高思想政治认识，增强村干部业务能力和履职能力，为全面打赢脱贫攻坚战奠定更加坚实的基础。再次，对民族社区党员的培训着眼于增强民族社区党员的党性修养，积极投身扫黑除恶专项斗争工作，并提升带头致富、带领群众共同致富能力，促进农村改革发展、民生和稳定。最后，党员就业技能培训着力于提高党员创业就业技能，突出结合党员生产生活实际，努力使党员掌握一门生产技术或就业创业技能。

（二）规范民族社区基层治理的权力运行过程

社区治理权作为社区治理行为的法律属性载体，让其合法、规范、有效地运行对整个社区治理法治化水平的提升具有重大作用。作为复合的权力体，社区治理权兼具社区公权力和社区私权利两种性质。前者包括社区治理事务规范和调整的立法权、执法权、司法权；后者则包括私权利在社区治理事务中的参与权、监督权、知情权、选举权和被选举权等。原则上，公权和私权是相互分离的权力范式，但共同作用于社区治理行为时，治理公权力和私权利可能会在同一行为具有相互存在性和博弈性。同时，对于所谓民族社区自治，是根据我国民族区域自治和基层群众自治的相关法律规定进行的，在相关法律法规规定内，民族社区在治理中可以针对不同民族的风俗习惯，结合民族特色采取更容易被各民族接受的治理措施。可见，公私兼具的民族地区社区治理权大致上包括社区治理公权力、社区治理私权利及特殊的民族区域自治权。如何使他们规范地运行，实现社区治理法治化呢？根据行政平衡论，行政权和公民权之间应该是总体平衡的，既不过分强调"保权"，也不过分强调"控权"，应该寻求他们之间的最佳平衡点，而法治化正是实现这一最佳平衡点的媒介。由此，从民族地区社区治理权划分的角度，如何实现治理权的优化运行，关键是用好"法治"这个媒介工具。

如何用好"法治"这个媒介工具，平衡社区治理中社区治理公权、社区自治权和民族自治权呢？根据前文对治理宏观路径的分析，我们应该结合民族社区特色准确定位政府职能，实现政府职能转变。在民族社区治理规范权力运行路径问题上，应该从如下几方面着手开展工作。

第一，准确定位政府职能，完成政府"管理"到"治理"方式的转变，实现社区治理公权力与社区自治权之间的平衡。在民族社区传统的"权力型权威治理"模式下，国家政府作为社区治理的绝对主导者，以管理维护好社区稳定为使命，往往以行政命令、"红头文件"等方式开展工作，以奉"法"作为实现治理目标的工具。此时要实现平衡治理，我们首先要进行民族社区法治优化过程中政府作为治理主体的合理定位，实现传统的"管理型政府"向"治理型""服务型"政府转变，树立政府服务理念，建立以"随时表达—快速反应—及时解决"为核心的居民诉求应对机制。其次，实现传统"大政府—小社会"向"小社会—大政府"模式的转变，把握好民族社区法治优化过程中政府作为社区治理的指导者和方向者的角色，及时提供社区法治化治理所需要的政策和其他保障，尤其是民族社区治理法律规范。再次，着眼民族社区治理的特色性与差异性，把握好政府作为社区治理协调者角色，总揽全局，加强对相关部门的监督和管理，使整个社区治理行为在法治化的框架之内。最后，立足市民社会的培育和民族地区的特殊性，从政府治理权优化的角度，划分好社区治理公权与社区自治私权的界限，实现二者总体上的平衡。

第二，坚持政府依法行政，健全法治监督保障体系，实现政府"依法用权"与"依法控权"的平衡。行政控制论作为传统政府的行政用权理论，如果过分强调行政程序性和司法审查性，不重视行政效率，便不能很好地维护公共利益。对此，根据现代法治政府的建设要求，行政权要依法、合理、有效地行使，从而推进政府治理体系和治理能力的现代化与法治化。首先，规范民族社区法治优化过程中的行政权行使，推进依法行政。实践中要深化行政执法体制改革，依法规范权力、制约权力和监督权力，健全政府法治决策机制，设置权力责任清单和负面清单，明确行政许可清单、非行政清单、行政处罚程序及行政强制程序等，推进政府依法全面履行政府职责，严格、规范、公正、文明地开展执法。其次，坚持依法控权，积极回应传统行政控制论在实践中的错误纠偏，建立公民参与责任倒逼机制，提高政府行政效率。最后，坚持完善行政执法监督机制，推进政务公开，建立行政用权法治监督保障体系，让全社区的民族居民有效参与，行使公民监督权，有效提升民族地区政府及其部门的行政效率。

第三，立足民族地区社区治理的特殊性，以"依法赋权"回应权力下沉，实现民族社区自治权与治理公权力的平衡。民族地区社区治理作为现代法治社会建设的重要内容，具有治理结构、治理环境、治理文化等方面的特殊性；"依法赋权"作为现代政府职能转变的内在要求，也是社区治理法治化实现的重要途径，如何回应民族社区治理过程中的特殊性，实现民族社区自治权和治理公权力之间的平衡呢？理论上，我们应该依法推进权力下沉，将社区治理权中的养老、保险、医疗、教育、文化、卫生等更多地交由社区自治组织或其他组织来处理，充分发挥他们在社区治理行为中的主动性与积极性。实然上，根据民族地区的特殊性，我们要在充分尊重民族特殊性的基础上，依法进行社区治理赋权，尤其是涉及社区"第三部门"的赋权，即外来非营利性组织的赋权，进而保障民族地区这一特殊社区治理行为的稳定性和有效性。例如，针对"发展导向型"的民族社区法治，我们可赋权社会禁毒组织、艾滋病组织等依法有效参与社区治理的权利，但对"稳定导向型"的民族社区法治，就应充分考量外来第三方组织在社区治理法治中的作用推动性和有效性，进而进行"依法赋权"。

第四节　专项治理增实效：以城市中的
流动人口社区为例

本节着重对流动人口社区法治优化的经验、做法进行描绘，旨在从流动人口社区治理的实践出发，寻求基层社区的社区治理法治优化的特殊问题、特殊方案、特殊模式，为社区治理法治化的整体完善提供具有证明意义的经验材料与具有阐释能力的理论解读。

一、城市流动人口社区治理的实证考察：以玉林东路社区为实证样本

玉林东路社区是成都市武侯区于 2001 年 12 月 12 日设立在玉林街道的一个社区。位于玉林辖区东面，南起玉林东街，北至一环路南三段，东邻人民南路四段，西至玉林北街一线。有常住户 4021 户、常住人口 11027 人。驻区内的 46 个居民小组由 51 个居民院落组成，有高级学院、中学、大型文娱场所，共 14 个单位。为便利开展社区日常管理工作，由 7 名居委会和党支部成

员成立了 5 个常设委员会,其工作内容涉及文教卫生、人民调解等方面。

社区内的居民生活井然有序,美满安定。社区内建有 700 平方米的文化活动场所,其中包括玉林中学和四川运动技术学院两所学校以及一座四川省体育馆。社区为方便居民阅读,专门建有电子阅览室,为满足未成年人健康上网需求,还专门设有青少年绿色上网空间。社区老年歌咏队、老年舞蹈队、老年腰鼓队、老年健身操队、老年京剧队等文娱队伍,以及成都市诗词楹联学会、成都市散学会、成都市老年大学书画学会常年在社区开展了丰富多彩的文化活动。2007 年,社区老年舞蹈队获得第二届成都市中老年才艺大赛舞蹈组冠军。

近年来,玉林东路社区在全面推进社区建设同时,还在老干部工作进社区、妇联、青年教师、关工委和社区志愿者工作等方面取得不俗的成绩,并且创建出"爱心加油站"和"玉林夜话"两个具有影响力的品牌活动形式,获得了上级领导的表彰。玉林东路社区 2006 年被评为成都市科普示范社区、武侯区文明社区;2007 年获四川省"红旗妇联组织""成都市文明社区""成都未成年人思想道德建设示范社区"、成都市"扫黄打非"进社区工作先进示范社区、"成都市老干部服务进社区示范"的称号。2008 年代表成都市参加了争创"全国文明社区"的活动。玉林东路社区还多次代表省区市接待了高规格的参观、检查和调研。

本章的实证材料主要有如下几个方面:①玉林东路社区各部门的规范性文件;②玉林东路社区各部门的总结性材料;③玉林东路社区各部门的统计数据;④课题组赴玉林东路社区各部门收集的图片、文字等材料;⑤课题组赴玉林东路社区各部门进行针对性访谈所收集的谈话记录等。

二、城市流动人口社区治理法治化的基本方法

市域社会治理现代化概念下，对城市流动人口的治理突出技术维度的"创新智慧治理"和突出人文维度的"团结融合治理"。一是创新智慧治理，主要强调加强改革创新，提高服务管理工作智能化、法治化、社会化和专业化水平，建设法治化智慧社区。要求应用好互联网、大数据等新技术、新手段，推动建立全国性的流出地和流入地对接协作网络，政府服务、社会服务、市场服务有机衔接的各民族公共服务保障网络，各地各部门密切联系、资源共享、工作协同的综合协调网络。坚持依法治理民族事务，加强法治宣传教育，引导流入城市的各族群众自觉遵守国家法律和城市管理规定，服从当地政府及有关部门管理。同时，加强党的全面领导，推动各地把少数民族流动人口服务管理工作纳入当地流动人口工作总体部署和规划中，构建流出地和流入地对接协作工作格局。加强党的民族理论和民族政策学习，招聘选调政治可靠的工作人员，不断充实少数民族流动人口服务管理力量，提高管理人员的工作能力和水平。

二是团结融合治理，主要强调增强流动人口城市认同感，针对不同地域，特别是少数民族区域的流动人口出台专门关怀政策，构建互嵌式社区结构，提高城市流动人口的幸福感、归属感。要求对任何区域的人们都应持欢迎的心态，建立健全公共服务体系，努力实现各民族流动人口享受城市均等化服务，在幼有所育、学有所教、劳有所得、病有所医、老有所养、住有所居、弱有所扶上不断取得新进展。要落实好《居住证暂行条例》，进一步放宽落户条件，积极促进有意愿、有能力在城镇稳定就业和

生活的各民族流动人口在就业地落户。要支持和保障各民族流动
人口就业创业，加强对少数民族流动人口进行职业技能、法律法
规、国家通用语言文字等方面的教育培训，建立中东部地区和民
族地区常态化劳务合作机制，更好地帮助少数民族和民族地区各
族群众外出务工。同时鼓励在社区开展形式多样的互动交流活
动，促进各族群众相互了解、相互尊重、相互包容、相互欣赏、
相互学习、相互帮助，交得了知心朋友、做得了和睦邻居、结得
成美满姻缘。坚决纠正和杜绝歧视或变相歧视少数民族群众、伤
害民族感情的言行。

三、城市流动人口社区治理法治化的优化路径

（一）以党建为引领，促使各项工作平稳高效运行[①]

健全党委领导，多元主体共同参与治理的模式是社区治理法
治优化的重要路径。[②] 玉林东路社区在社区治理法治优化的过程
中积极推进党的领导机制与社区法治优化过程各项工作的结合。
在调研过程中，课题组了解到，玉林东路社区在社区治理法治优
化的过程中形成了一个重要共识，那就是基层社区法治优化工作
的开展关键在于强化基层党组织的领导和保障。为此，玉林东路

---

① 刘小钧，张艳国. 城市社区建设与治理"党建＋"实现路径研究——以江西
省南昌市社区为例 [J]. 江西师范大学学报（哲学社会科学版），2020，53（1）：
46－53.

② 刘厚金. 基层党建引领社区治理的作用机制——以集体行动的逻辑为分析框
架 [J]. 社会科学，2020（6）：32－45.

社区通过一系列活动不断促进党的领导与基层治理法治优化的高效结合。例如，社区筹备举办了"爱成都，迎大运"玉林东路社区区域党建联席会议。多年来，在玉林街道党工委的领导下，社区两委会从社区群众的需求出发，立足于服务，创建了社区再就业基地，开发了非机动车停车场、绿叶保洁服务中心、春雨小学生托管教育中心、纯印婚庆服务等社区服务实体，既服务于社区居民，为单位解决后勤保障困难的问题，又着重解决了就业困难的 4050 名失业人员再就业的问题。玉林东路社区在打造"花开玉林"时不仅以党建为引领，还贯彻了共建共享的社会治理格局，为广泛征求居民意见开展党建联席会和座谈会等，此外，社区还将管辖区域分为了 48 个"四级网格单元"的片区，所谓四级主要是指"街道—重点片区—社区—院落"。

（二）调动社会力量积极性，构建多元共治模式①

在社区多元治理方面玉林东路社区主要是以"三社互动"②为抓手。③ 在设立居民服务中心、培育社区自治组织的同时，从其他地方引进了 5 家专业的社工机构，目前该社区已经有 20 多个社会服务项目，以辖区资源为平台，丰富了社区社会资本。建立玉东睦林公益基金，该基金募集到的物资以及资金全部用于社区的帮扶项目。这种"社区＋社会组织＋企业"多元主体共建共

① 陈成文. 市域社会治理的行动逻辑与思维转向 [J]. 甘肃社会科学，2020（6）：56-63.

② 马伟华，赵怡. 功能与实践："三社联动"视角下少数民族流动人口社会支持体系构建初探 [J]. 青海民族研究，2019，30（4）：80-84.

③ 颜克高，唐婷. 名实分离：城市社区"三社联动"的执行偏差——基于 10 个典型社区的多案例分析 [J]. 湖南大学学报（社会科学版），2021，35（2）：69-77.

享在社区治理中发挥了重要作用，创新了"3＋3"居民自治模式。在提升居民自治意识和能力方面，该社区通过培养社区负责人、提高社区内居民商讨事务能力，建立了该社区的自治班子和制度。

（三）强化网格管理，细化管理尺度

"四级网格单元"的网格化社区服务管理已经在玉林东路社区形成。为确保此项工作的有效运作，财政部门足额保障专项经费，在各个网格都配备了专（兼）职网格管理员和网格信息员。通过开展分片区指导、"菜单式"培训、网格员五星级评定、满意度测评、"网格之星"评选等活动，加强提升网格队伍业务技能。同时，充分发挥网格员职能职责，组织开展网格集中走访、特色走访、重点走访，辖区"三所"配合走访等活动，切实做到网格内流动人口早管理、特殊人群早帮教、治安隐患早发现，实现了广大群众各项服务需求一线连接、一网受理。玉林东路社区全面推进网格化服务管理工作，以村居为单位，以网格覆盖面为基准，合理划分社会治理服务网格单元，社区的 48 个四级网格单元是依据当地的地理状况、居民、组织等基本情况划分的，每个网格的管理人员根据每个网格不同的情况，"因地制宜"确定。对于网格员的职责也进行了进一步的明确，主要包括：①协助管控重点人员。及时发现重点人员（危安人员、非法出境回流人员、刑满释放人员、社区服刑人员等）活动轨迹，对异常动向第一时间向有关部门报告。②协助管理特殊人群。及时发现特殊人群（吸毒人员、严重精神障碍患者、社会闲散人员、困难弱势群体）行动和生活状态，对异常动向第一时间向有关部门报告，协助开展管理帮扶和法治宣传，力所能及提供人文关怀。③协助管理流动人口。协助开展流动人口信息申报登记工作，宣传、督促网格内出租房主、用工单位及时主动申报流动人口信息，及时报告网格内流动人口的异常情况。④积极参与群防群治。加强巡逻走访，及时发现并报告危及安全、涉暴恐、涉枪、涉毒、涉赌、邪教活动、涉火灾等危险源和治安隐患。⑤协助做好公共管理服务。及时发现、报告并协助处理网格内公共管理漏洞，做好辖区内监控点位和线路安全保护工作，及时发现并上报损坏情况；及时收集反映群众民生诉求，力所能及地积极化解矛盾纠纷和协调民生服务事项。

（四）丰富社区公共生活，提高法治优化过程人文关怀

为提高柔性治理社区的能力，玉林东路社区充分发挥了社区参与规划的作用。开展"花漫玉东"社区营造品牌活动，带动社区各类群体以各种形式和行动参与到社区治理当中。打造"玉东记忆—文化巷落""院落微景观"等文化微生态，彰显玉林精神，建设品质宜居玉林生活品牌。

通过各项工作的全面开展，社区内人与人的关系进一步融洽，环境面貌得到了较大改观。社区两委会、工作站人员也得到了锻炼，提高了工作能力，激发了为人民服务的工作热情。通过广泛的宣传，社区居民更加热爱自己的家园，参与社区建设的积极性得到了提高。在社区全体居民的努力下，社区以"人本、互助、和谐"作为社区精神，各方面建设都上了新台阶，建设成为了和谐型社区。

第三章

市域社会治理现代化下社区治理法治化的效能评估

　　市域社会治理现代化是完善国家治理体系、提高治理能力的必然要求，[①] 在国家治理效能中发挥着重要作用，要使国家治理体系和能力提升就不能忽视基层，在基层社会治理中又要特别注重社区治理。[②] 当前对于市域社会治理现代化的体系构建以及社区治理法治化的理论研究都较为丰富，但大多研究从逻辑理念出发、重视法律及政策文本，对市域社会治理现代化下社区治理法治化在实践中的运行效果关注较少，而以指数模型进行效能评估则更为鲜见。

　　因此，必须建构体系完备、指标合理、指数科学、反馈准确的社区治理法治化效能评估指标体系，并运用科学的评估办法依据指标体系进行评估，进而找到有悖于市域社会治理现代化理

---

　　① 黄建. 市域社会治理现代化的结构"图谱"［J］. 领导科学，2020（16）：40－43.

　　② 顾元. 市域社会治理的传统中国经验与启示［J］. 中共中央党校（国家行政学院）学报，2020，24（4）：111－121.

念、制约社区治理法治化发展的真实关键点。具言之，社区法治化效能评估以提高绩效为目的，是一种与推进市域治理现代化高度契合的系统性评价模式，评价切入点包括满意度、政策的成本收益等。社区法治化效能评价本质上综合了法学、社会学及管理学理论的评价模型，需要考虑各种影响因素。这一体系模型不仅应用相关学科理念来衡量政府与社区的工作成果，也着眼于反应社区内部运行问题所在，进而从效益、成果、公平、成本、产出等方面来对社区法治化效能进行综合评价。此外，社区治理法治化效能评估也将针对"评估主体""评估方式""评估成本""评估实施""结果应用"等予以规范和调适，实现动态反馈。

这一效能评估指标体系，还将汲取法治政府、依法行政等评估指标的成功经验，以"规则导向""结果导向"与"社区成员满意度导向"为主轴，助力技术治理与价值治理的融合创新，进而提升社区主体法治适应性，增益市域社会治理现代化的基层注脚。

第一节　市域社会治理现代化下社区治理法治化效能评估指标的法律依据

结合前期理论基础与社区治理法治现状调研成果，课题组深入贯彻党的十九届四中全会提出的"加快推进市域社会治理现代化"指示，以市域社会治理现代化在提高国家治理体系和能力的过程中不可替代的作用为宏观视域，以城市社区治理法治化现状为微观入口，融合总体思路、根本保证、活力源泉、价值基石、实践路径五个维度，总结出这一时代背景下社区治理法治化效能评估指标的设计原则，以期为后续的社区治理法治优化提供技术支撑和理念反馈。

严谨地说，本书主要是根据社区治理法治化理论、法治社会理论①来建立评价社区治理法治化的指标体系的。同时，以规定社区治理法治化建设目标的一些相关法律文件为法律依据生成指标。这些法律文件中，应用最多的有中共中央、国务院印发的《法治政府建设实施纲要（2021—2025 年)》，中央全面依法治国委员会《"全国民主法治示范村（社区）"建设指导标准》，中央政法委《全国市域社会治理现代化试点工作实施方案》与《全国市域社会治理现代化试点工作指引》，具体如图 3-1 所示。

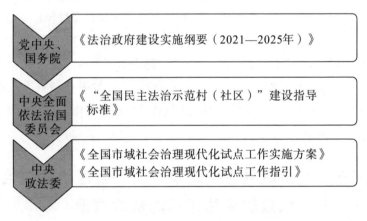

图 3-1 效能评估的全国性法律依据

除此四者外，还有《中华人民共和国宪法》《中华人民共和国立法法》《中华人民共和国行政监察法》《中华人民共和国行政复议法》《中华人民共和国城市居民委员会组织法》《中华人民共和国审计法》《中华人民共和国人民调解法》《行政法规制定程序条例》《规章制定程序条例》等法律法规，以及《全面推进依法行

---

① 陈柏峰. 习近平法治思想中的法治社会理论研究［J］. 法学，2021（4）：3-15.

政实施纲要》《关于全面推进依法行政的若干意见》《关于加强市县政府依法行政的实施意见》《中共中央关于全面推进依法治国若干重大问题的决定》等规范性文件。

第二节　市域社会治理现代化下社区治理法治化效能评估指标的价值导引

价值导引是解释社区治理法治化效能合法性以及评价衡量所做出的资源配置决策的主要框架。① 价值标准在效能评估指标体系的建构中基本决定了建构模型、实践样态和评价指标体系设计的基本走向，即告诉我们以"应该是什么"去评价估量"是什么"。社区治理法治化的价值标准是现代法治的价值目标及蕴含的体现，是现代社区治理的精神价值，也是黏合法治制度层、纪律层、体制层、内在层的"立体胶"。

一、共性价值标准

无论是涉农社区、生产社区，还是少数民族社区或流动人口社区，其治理法治化都必然囊括了公平、平等、权利保护和社区事务公开透明等价值标准，并在决定社区"柔法"制度、过程和结果的合法性中发挥着不可或缺的作用，这可以说是共同准则。

---

① 张春照. 新时代城乡社区治理法治化 [J]. 重庆社会科学，2018（6）：89-96.

由于"政府"和"社会"关系不同于其他，具有特性，将它们放到评价社区治理法治化的体系中，还必须要在此基础上将评价社区治理的共性和个性价值标准进行划分。在梳理社区治理法治化价值的过程中我们发现，社区治理法治化共性价值标准可以分为实质价值目标和形式价值目标两种，其中实质价值目标包括自由、平等、公正、诚信等，形式价值目标包括公然性、顺序性、全面性、效用性、集体性等。个性价值中，侧重于权力制衡、法律至上、法律平等、程序正当、程序民主、司法公正等价值标准；社区治理法治化侧重于职能明确、科学合理、责任法定、诚实守信、公正严明、廉正高效等价值标准；由于"政府"和"社会"关系不同于其他，放到评价社区治理法治化的体系中，可以看出两者之间既存在"共性价值"，也存在"个性价值"，但是社区作为连接政府和社会的微小单元，应当重点突出两者的共性价值。除此以外，还必须要在此基础上将评价社区治理的共性价值标准进行划分，可将这一共性价值标准分为实质价值目标和形式价值目标两种，其中实质价值目标包括自由、平等、公正、诚信等，形式价值目标包括公然性、顺序性、全面性、效用性、集体性等。基于此，社区治理法治化从形式价值上强调职能明确、科学合理、责任法定、诚实守信、公正严明、廉正高效等，从实质价值上强调法治信仰、公平正义、遵守法律、权利保障、平等发展、独立自治等。

二、个性价值标准

通过对中央层面的规范性文件进行内容解读和要点提炼，可知社区治理法治化的个性价值标准主要集中于职能科学、权责法定、依法行政、权力制约、守法诚信等基础性标准。换言之，"职能明确、科学合理、责任法定、诚实守信、公正严明、廉正高效"可确定为法治政府建设的个性价值标准，其逻辑指向是"治官治权"。^①社区依法治理建设最理想的评价标准和目标应包括：第一，法治信仰。法律的生命在于法律执行，法律的尊严在于法治信仰。全社会公民自觉遵守法律的同时对法律至上地位毫无疑义是社区依法治理在精神层面的集中体现。第二，公平正义。实现社会公平正义是设置政府和公共权力的目标使命，而真正意义上的社会公平正义需要通过法治建设来实现。^②社区依法治理建设的出发点和落脚点都应该是为人民谋福祉，促进社会和谐稳定。第三，遵守法律。遵守法律在当今社会是最基本的要求，不仅社会公众必须遵守法律，作为社会单位的企业、人民团体等也必须遵守法律。只有全社会每一位成员都努力尊重、遵守法律，社区依法治理才能实现。第四，权利保障。在社区依法治理中，只有法律才能保障人享有应该有的权利，只有法律才能保障人的权利不受侵犯。因此，权利是否得到法律保障被当作社区依法治理的一个衡量标准。第五，平等发展。平等发展不仅有哲学理论上的依据，还因它能给社会带来恩惠而具有实际意义。在法治化社会中，使全体人民共享发展成果是必要追求，要实现这个追求就必须保障每个人享有平等的权利，能够平等地发展。第六，独立自治。这是社区依法治理更为高级的德性价值品质。独立自治的主要目的是调动社区内组织的积极性和主动性，以行业、团体自治等为形式，通过法定程序或者成员约定的程序，由

①　蒋飞. 论社会治理下政府法治建设中的角色定位与原则要求［J］. 北方法学，2019，13（5）：122−129.

②　郝玉洁. 百年大党公平正义的政治主张及实现理路［J］. 湖湘论坛，2021，34（2）：15−24.

组织范围内的成员自主管理、决定该范围内的共同事务，但是独立自治也并不是完全的割裂。

第三节　市域社会治理现代化下社区治理法治化效能评估指标的设计原则

社区治理法治化效能评估指标设计，需要遵循"科学性、体系性、代表性、指向性、实施性、超前性"六大原则。

一、科学性原则

本原则是指社区法治化效能评估指标设计过程中要遵循社会发展的科学规律，既要求遵循理论基础科学，也要求遵循实证基础科学。[①] 毋庸置疑，市域社会治理现代化是一个新颖的、高度凝练的概念，因而在此视野下，社区治理法治化效能评估的科学化程度就决定了这一评估体系是否具备价值。具体而言，一是要求在效能评估体系构建方面有明确的、坚实的理论基础，符合习近平总书记关于社区治理的重要论述与党的十九届四中全会会议精神；二是要求在指标选择、指数设定、权重分配等方面要依据前期调研实证数据，遵循社会发展、市域社会治理以及社区治理的一般规律，筑牢坚实的实证基础，从而做到评价科学、结果合理。

[①] 陈光普. 社区治理绩效：评估指标体系与实证分析 [J]. 宁夏社会科学，2020 (1)：136－144.

二、体系性原则

本原则是指在社区治理法治化效能评估的指标选择、功能导向和数据应用等环节，体系内各指标要前后呼应、互能映照，全面且系统地反映社区治理的本质与内涵，对政府职能部门、社区治理直接主体等在社区治理方面的政策理念、实际举措、收获效果等内容做出清晰划分与全域覆盖。统筹考虑政府条块结构与社区零散化的特点，做到条块畅通、点面结合。本原则要求相应的效能评估设计有：一是要有助于找寻行政管理理论和社区自治理论的平衡点，推动责任政府的政治观和协同治理的服务观之间的观念融合；二是要有助于以实体治理和程序治理为抓手，推动刚性的治理秩序与程式的法治主义之间的导向融合，修正固化的法制模式，转向更为包容的法治模式，促进法律之理与治理之力在社区治理法治化命题中的交融；三是要有助于兼具硬法和软法的规范约束，推动硬性的依法治理手段与软性的治理效能实现的举措融合。

三、代表性原则

本原则主要是指在社区治理法治化效能评估指标的选择上，要选择代表性较高、灵敏性较强的指标。在指标体系的构建中，无论是幅度较为宽松的柔性指标、具备底线性质的刚性指标、成果量化考核程度迥异的效率指标与效益指标，还是导向原则不同的过程指标与结果指标，都必须深耕厚植于千头万绪情势复杂的社区治理实际，归纳提炼出具备普遍规律与典型价值的指标。质言之，即需优化指标数量及其体系结构，以数量较少、层次精简的指标全面反映评估内容，既避免指标体系过于庞杂带来的效率低下，又避免指标体系过于精简而忽略内容导致的竞价结果缺乏完整性。

四、指向性原则

本原则主要指的是社区治理法治化效能评估指标的选择要服务于当前的治理需要，要针对当前突出的法治化问题。在市域社会治理视域下，城市各类型社区都有不同的特点，如由"回迁户""集中安置户""村改居""村并居"等城镇化政策推行而产生的"涉农社区"，在日常治理过程中面临着许多与既有城市社区治理体系不相容的地方；由各类生产型企事业单位、大型制造业企业员工集聚构成的"生产单位"，既受当地街道办指导，又必然受所在生产组织单位的复合性影响；由文化风俗甚至语言都相异的各民族成员组成的"民族社区"，对社区、街道办以及政府职能部门都提出了不小的行政能力考验；由外市乃至外省人口租住的"流动人口社区"，治安压力较大、租户管理难度较大。由此可见，各类型城市社区涵盖了"涉农""生产""少数民族聚居""流动人口集聚"等特质，不一而足。因此，社区治理法治化的效能评估指标，在设定与选择上就需要考虑各类型社区的特征，方能开展有效评估。

五、实施性原则

本原则主要是指在社区治理法治化效能评估指标的类型选

择、权重分配设计等方面，要充分考虑到后期数据采集、整理、计算的便利性。要求在评价结果的客观性、全面性得到保证的条件下，适当精准化与规范化社区治理法治化效能评估体系。实施性原则注重的是有效评估社区治理效能，所以要考虑到实践的可操作性，包括指标数据应该易于获取，必须有可靠的信息来源渠道；还要注意评估指标的规范性与标准化程度，使评价体系的通用性增强，也就是说要使获得各个指标的含义、计算方法、界限范围等具有可操作性。

六、超前性原则

本原则指的是社区治理法治化效能评估指标的选择应该考虑到社会发展的总体趋势，充分认识到市域社会治理现代化的时代内涵，认识到社区治理法治化的技术现状和因时因地的法律环境，要选择一些具有超前性的指标。具体而言，评价对象的实情以及对应的社区治理真实情况都应该在指标体系构建时进行考虑。各个社区实际治理情况因为地域、层次、发展状况不同而不一样，超前性原则要求建立合理的指标，能够从横向和纵向两个维度来进行比较，提高评价社区治理结果的效度和信度，并对当前和今后一段时间的社区治理症结予以揭示、对治理优势予以巩固，更好促进法治优化的效能发挥。

当然，除了上述原则之外，社区治理法治化效能评估指标的设计原则也必然要遵循坚持党的领导原则、法治原则与人民性原则等。

第四节　市域社会治理现代化下社区治理法治化效能评估的指标体系

一、评估指标的宏观类型与具体内容

对城市社区治理的法治化现状进行共通性总结与针对性突破，关涉社区治理的软法适用、渐进治理、行政治理、实体治理、利益平衡、资源配置、体系完备、居民共识等一系列普遍性问题，同时必须有针对性地分析社区治理的层级性、闭合性、复合性、多维性、协同性以及寻差性等方面的突破。针对社区治理的共通性与针对性，设计适合城市社区治理法治化的效能评估指标体系与模型方法，具体包括其效能评估技术路线、维度分析、权重确定、综合模型，综合运用对比分析、相关分析、聚类分析方法，通过评估样本的选取优化、评估类型的等级划分、评估流程的可视化来建构科学、实用、对路的效能评估指标。

就指标的具体内容而言，依据《法治政府建设实施纲要(2021—2025 年)》，中央全面依法治国委员会《"全国民主法治示范村（社区）"建设指导标准》，以及中央政法委《全国市域社会治理现代化试点工作实施方案》与《全国市域社会治理现代化试点工作指引》等予以确定。

第一，自治性规范文件的民主性、科学性相关指标。社区是国家治理体系和治理能力现代化的微观组织体①，虽然无从享有立法权限，但是可以完成自治性规范文件的制定，如社规民约、楼道规定、业主公约等，不一而足。具有行政执法活动重要依据的"红头文件"作为自治性规范文件在社区治理的方方面面为社区治理主体发挥着指引作用。此类文件制发的程序较为灵活，更能适应社区治理复杂化、专业化和经济社会动态多变的形势，有助于提高社区治理效率，增强管理措施的适应性、针对性。

第二，关于社区自治性规范性文件的合法性指标。合法性审查主要是针对自治性规范文件以及行政决策进行的。全面推行规范性文件合法性审核机制，是推进基层依法行政、建设社区治理法治化的必然要求，是促进维护国家法制统一、政令统一的有力保障，从而督促社区治理主体严格、规范、公正、文明执法，从源头上杜绝违法文件出台，达到保障人民群众合法权益的目的。政府要想在民众心中树立良法善治的形象必须要制定出合法的自治性规范文件并且依法行政。②就目前推进规范性文件合法性审核机制工作实施情况而言，尚且存在一些不足。需加强合法审查机构的统筹安排，明确规范性文件制定主体和范围，保障实体法和程序法的有序推进，严格要求地方和部门以及工作机关人员工作的交接对恰，以此来保障审核程序的规范标准统一性。最后明确问题导向，制定合法性审查指标并落实考评工作，充分发挥审核机制的合法性。

第三，关于业务与法治结合的相关指标。社区治理主体必须厘清业务职能与法治职责，切实依法履职尽责。如若不然在应对

---

① 赵浩华. 利益分析视角下社区治理主体间的冲突及其化解 [J]. 行政论坛，2021，28（4）：121-126.

② 秦媛媛，刘同君. 论政府法治论视角下的社会治理方法与路径 [J]. 江苏大学学报（社会科学版），2020，22（6）：102-111.

错综复杂的工作节点和庞大的法规内容,特别是直接接触最广泛的企业和群众时会显现出能力的薄弱与不足。相关指标,理应运用系统论和整体思维去思考,从细处和实处着眼,对"两账一图"进行真实反映,抓好规范和优化。通过上下联动,及时掌握相关职能部门的公共类法律、法规以及专业类法律、法规和规章动态变化。考核内容应在法的总体要求和规定下,首先建立健全法律法规台账,其次部署涉及各部门和其他组织的岗位法治工作流程,最后细化工作步骤落实到每一个工作人员,使各个岗位、各个工作都走向规范化法治轨道。通过指标体系的设置,反映部门在法治示范创建中的职能定位,回应法治和业务结合不紧密的情况。

第四,法治教育的相关指标。法治宣传教育工作发挥了越来越大的作用,加强法治宣传教育工作,是经济高质量发展的重要保障。只有定期开展法制宣传教育工作普及法律知识,增强广大干部群众法治观念,才能从本质提高法治效果,增强各类市场主体在良好的法治环境中自觉履行诚实守法的责任,才能为经济高质量发展创造空间和条件,以促进社区治理进程和谐发展。现如今在社会转型的重要时刻,群众对于美好社区的诉求越来越高,治理主体应引导广大基层群众运用法律手段对突出矛盾问题进行合理表达,以最大限度从基层减少不和谐因素,从而提高治各级主体的治理能力,最终实现依法治理达到长治久安的效果。[①] 干部教育培训机构必须大力开展对治理主体的法治教育,使治理主体树立牢固的法治意识和法治思维,规范地依据法律办事章程落实细节,用法律思维更好地践行社区治理理念。

---

① 王钰鑫. 我国国家制度和国家治理体系显著优势的科学内涵研究 [J]. 广西社会科学,2019 (12):26-35.

二、市域治理现代化下社区治理法治优化的效能评估模型

社区是市域基层的微观组织单元，社区治理的法治化熔铸于市域治理现代化理念之中。新形势下对市域治理现代化下社区治理法治优化的效能评估模型的建构，主要包括党委领导法治建设、法治规范基层民主、法治护航和谐发展、法治建设扎实推进、法治保障坚强有力这 5 个一级指标，以及由此衍生的 22 项二级指标和观测点。

这一效能评估模型的量化计算公式为：

$$S = \delta(X_1 + X_2 + X_3 + \cdots + X_i), 0 \leqslant i \leqslant 22$$

其中，S 为效能评估的最终分数，能够在一定程度上反映出市域社会现代化下社区治理法治化各项标准的整体契合度；δ 为一系数，其数值大小因不同地域、不同类型的社区而有所差异，主要是为了修复评估指数在地域和类型方面的偏差；X_1 到 X_i 即为所对应的不超过 22 项的指标值。这一计算模型考量市域社会意涵广泛，社区的地域和类型也往往不尽相同，因而不宜规定适宜于所有社区的具体的恒定的分数值，而因以此指标体系为镜鉴参考，在同比范围内设定相应的系数值予以计算和比对。

具体的效能评估模型见表 3-1。

表 3-1　效能评估模型

一级指标	二级指标	观测点	序号 (X_i)
党委领导法治建设	社区党组织领导作用发挥明显	社区治理中党组织领导作用发挥明显，全面领导社区各类组织和各项工作	X_1
	社区"两委"履职尽责，监督制度健全	社区支部委员会和居民委员会自觉接受上级工作指导监督，接受社区居民监督	X_2
	社区党组织及成员遵守党内法规	社区党组织和党员遵守党纪党规，对党内法规和规范性文件重要内容较为熟悉	X_3
法治规范基层民主	社区组织按期换届，程序规范	社区党组织、居委会、业主大会等组织成员的确立和任免依法规范进行，按期选举换届	X_4
	就社区内重大民生问题开展民主协商	对于关涉社区居民利益的各类事项，以民主协商凝聚共识	X_5
	社区重大事项"四议两公开"	社区重大事项应党支部会提议、"两委"会商议、党员大会审议、居民代表会议或居民会议决议，并进行决议公开、实施结果公开	X_6
	依法制定和修改社区自治性规范文件	社区制定和修改相应章程具备合理性合法性，不抵触法律法规，不违背公序良俗	X_7
	健全党务、社区事务、财务公开制度	社区内的各项事务以公开为原则，接受社区居民的阳光监督	X_8
	制定社区级小微权力清单，建立事项流程图	社区事务流程规范，公布权力清单和办事流程	X_9
	"两委"成员定期民主评议	党支部成员和居委会成员定期接受民主评议，接受居民监督与批评	X_{10}

续表3-1

一级指标	二级指标	观测点	序号（X_i）
法治护航和谐发展	中央及省区市各项政策得到落实，无绝对贫困人口	贯彻落实上级各项惠民利民政策，依法为满足条件的社区居民提供最低生活保障	X_{11}
	社区公共事务和公益事业健康发展	社区有相应的文化、娱乐、锻炼场所，广泛开展各类群体活动	X_{12}
	社区风貌良好，生态环境良好，人居环境改善	社区成员守法氛围良好，各族群众和睦相处，无明显"脏乱差"现象	X_{13}
法治建设扎实推进	积极开展法治宣传	在社区中广泛开展普法活动，营造知法、守法、用法的法治宣传环境	X_{14}
	"两委"成员带头学法守法，积极参加法治培训	社区党组织成员及居委会成员带头学法守法，以各种形式参加法治培训	X_{15}
	形成合法有效的矛盾纠纷化解机制	社区矛盾纠纷依法化解，依法维权，不越级控诉	X_{16}
	公共法律服务普惠基层	社区建设有公共法律服务工作室以及人民调解室，或者具备社区法律顾问与人民调解员	X_{17}
	社区成员遵纪守法，辖区内无恶性事件	社区近3年内无黑恶势力、"黄赌毒"活动、邪教活动	X_{18}
	法治与德治相结合	开展社会主义核心价值观教育，遏制陈规陋习与不良风俗	X_{19}
法治保障坚强有力	社区法治建设责任清晰目标清楚	社区法治建设落到实处，设置法治考核办法和奖惩机制	X_{20}
	与司法行政部门对接良好	积极配合司法行政部门开展公务	X_{21}
	社区法治建设的制度供给和物质保障到位	基层政府会同社区研究解决创建工作中的重大问题，保障必要物质投入	X_{22}

市域社会治理现代化下社区
治理法治优化的症结透视

　　我国城镇化发展随着改革开放以来的经济增长而展现出一片
欣欣向荣的景象，随之人口红利不断向市域涌来，给市域治理提
出了更高要求。市域社会治理是国家治理环节的重要一节，[①] 只
有把市域社会治理这样的关键基础治理工作落到实处，才能有力
助推国家治理进程。加快市域社会治理现代化的要求首先是在党
的十九届四中全会提出的，而后党的十九届五中全会在此基础上
提出更高目标——加强并创新市域社会治理，推进市域社会治理
现代化。[②] 这对于市域社会治理现代化具有重大理论意义和实践
意义，也集中凸显了市域社会治理现代化的重要性和紧迫性。市
域治理应从本质上治理风险，从一开始就有效消除各类风险发生
的可能性，真正体现现代治理意义，彰显治理效率，对我国的社

---

　　① 徐汉明. 市域社会治理现代化：内在逻辑与推进路径 [J]. 理论探索，2020
（1）：13－22.
　　② 叶静漪，李少文. 新时代中国社会治理法治化的理论创新 [J]. 中外法学，
2021，33（4）：845－864.

会稳定与经济发展起到重大作用。

在党和国家的带领下，处在承上启下的中间环节的市级城市，着眼于它在国家治理体系中的以城带乡、以点带面的特殊定位[①]，在市域社会治理现代化下的社区治理方面不断发挥着弥合国家宏观治理结构与微观基层治理行为的联结式枢纽作用，不断发挥着它在国家治理体系中的"中坚带"作用，在国家和基层之间构筑起一座稳固的桥梁。市域社会现代化真正顺应时代转变要求，以理论丰富实践，在实践中总结出符合以设区为市的治理理论，最大化发挥其现代化特色，落到实处、更加细致，以技术统筹安排资源丰富市域制度建设，将重大风险控制在可控范围内，攻克中坚矛盾，进一步实现长治久安和谐社会的愿景。

习近平总书记强调："只有全面依法治国才能有效保障国家治理体系的系统性、规范性、协调性，才能最大限度凝聚社会共识。"[②]市域社会的现代治理体系囊括了政治、法治、德治、自治、智治等多个方面，是多元治理体系，其中不同的治理手段各司其职。在市域社会治理的多元体系中，法治起着协调保障作用，是承上启下的枢纽角色，发挥着独特的治理功能。一方面，法治的刚性框架为市域社会的治理提供了基本的运行规则，通过明晰治理权力的边界、要求治理主体的适格、谨守治理空间的恰当、选择治理方式的妥当、确保治理过程的有序，可以确保市域社会治理能恰如其分地在法治的轨道中运行，从而发挥法治的保障作用。另一方面，社会治理的传导性与敏感性较弱，社会问题具有区域性、行业性、隐蔽性的特征，同时社会治理的激励性匮乏，营利性主体参与社会治理的积极性不高，从而会引发多头治理、交叉治理的问题。因此，法治所确立的有序规范体系，不仅可以防止国家公权力的过度干扰，同时也能保障公民有效参与社会治理，引导社会组织积极参与社会治理。

社区在伴随市域社会治理现代化快速发展的进程中，彰显出日益重要的基础位置。作为市域社会治理现代化攻克的第一关，只有把基础性社区治理工作做好，才能将城市的整体发展大大推进，加强和创新市域社会治理，推进市域社会治理现代化。

社区治理必然无法脱离法治的轨道。法治是治国理政的基本方式，也是社会治理的必要手段。只有正确运用法治思维和法治方式解决社区治理中的"症结"，才能确保社会安定有序且充满活力。总之，法治方式是市域社会治理现代化下社区治理的必然要求与重要内涵。目前，依法治国这条社会治理主线贯穿于中央与地方各部，法治建设联动上下，政府、社会和广大群众形成一个良好秩序的法治闭环，基层社会自治能力显著提升，使基层社区治理法治化也紧跟现代化进程，成为社区治理现代一个重要的风向标。社区作为社会矛盾的聚合点和社会发展的晴雨表，在推进市域社会治理现代化的进程中，切实需要法治工作扮演重要角色，发挥关键作用，因此有必要对社区治理法治化开展有针对性的具体研究。

社区治理的法治化有利于各个治理主体实现社区政治、经济、文化等各领域的有序发展。它是以法律法规和行政规章为手段和指导，利用多种参与渠道来共同治理社区，进而推动社区治理的法制化与规范化的治理模式。有效的社区法治化治理是增进民生福祉的重要手段。

市域社会治理现代化的提出，法治等各种方式的运用，都使得市域社会治理在国家治理体系中发挥不可替代的重要作用，为政治安全、社会稳定、人民安宁提供了积极的重要路径。虽然我国社区治理经过一系列工程性改革已初有提升，但在接下来的治理工作中还要以更高的要求来应对瞬息万变的风险挑战。在全球经济发展形势下，加之笼罩在新型社会的矛盾风险外溢，人口流动和阶层利益日趋交织，市域也正在成为社会矛盾和社会风险的产生地和聚集地。① 此外，信息数字化一方面加快推进城镇化进程，另一方面使现存传统社区运作机制难以应对时代变化，有待迅速转变治理思维。社区治理加速推进了从"熟人社会"到"陌生人社会"的转变，传统社区的地缘基础也被城镇化的快速发展打破，社区居民之间缺乏有效的交流沟通平台。② 通过相应措施实践来看，当下的社区管理模式已经不再是"以管为主"的传统模式，而是在新型法治模式中让民众参与的以合作治理为理念的新模式，凸显其法治与民主的重要性，进而建构依法治理基本规则，让社区居民在新型治理格局下享受共治共建的新型治理模式成效。

不断细化社区治理工作，处理好法治化治理水平下新旧机制的碰撞，由浅入深根植法律意识到社区居民心中，使民众学会并运用法律手段表达诉求，参与社区治理，是对社会治理的丰富并再创造。具体而言，治理主体应结合当前社区的实际情况制定出合规合情的行政法规，突出社区治理特色，从而最大化实现社区自治。社区居民中尚存在接受法治教育意愿不高的情况，甚至有些居民不知议事规则，对本社区治理存在"精致的自我主义"，如非涉及切身利益一概不参与对公共社区治理规则的讨论。市域

---

① 谢海军，谢启华. 改革开放 40 年中国社会矛盾治理的系统性创新及经验启示 [J]. 理论探讨，2019（2）：12−17.

② 胡业勋. 城市社区治理法治化的理论偏误及体系改进——以 C 市 Q 区的实践为分析样本 [J]. 中国行政管理，2020（3）：150−152.

社会现代化下社区治理法治化进路尚存在着社区治理法治工具匮乏、主体依法治理能力不足、社区治理权责界限混淆、多元共治基础格局脆弱等问题。

第一节　社区治理法治工具匮乏

近年来，在市域社会治理现代化的指导督促下，政府大力加强社区建设，加大各项资源投入力度，使得社区环境焕然一新，各项工作均取得了较大进步，但在社区治理法治工具方面仍显露出一些不容忽视的问题。社区治理法治工具多样化是当前治理环节中迫切需要解决的问题。对社区治理法治工具的运用还存在一些问题，如法律体系不完善、地方立法质量不高、社区资源匮乏等。需要在法治工作中注入动能，从健全法治工具的角度寻找解决问题的机制，才能增强社区治理的总体实力。

一、法律体系不完善

2015 年修订的《中华人民共和国立法法》及 2018 年的中华人民共和国宪法修正案，已经赋予设区的市人大和政府在社会各个领域的地方立法权，这使得市域社会治理拥有从立法、执法、司法到法律监督的比较完整的法治体系，这些构成了市域实现法律治理的制度基础。市域社会虽然有了一部指导性的基础法律，但不可否认的是，关于我国市域社会治理下的社区治理的相关政策法规仍不十分完善。我国第一部真正意义上从国家立法层面对社区关系进行规范的法律文件是 1989 年通过的《中华人民共和国城市居民委员会组织法》。严格来说，此部法律也并非完全的新规范，它源于 1954 年颁布的《城市街道办事处组织条例》，是在《中华人民共和国宪法》与《城市街道办事处组织条例》的基础上进行部分条款的增加与删减而来的，其制定是为了满足当时的社会需要。①

然而，随着经济、文化、政治各方面的快速发展，我国各领域都发生了巨大变化，社区法治治理模式也发生了相应变化，与此同时也带来了各类新的治理问题。例如，法律有时具有滞后性的特点，为了满足经济社会发展的法治需求，就要求当前社区政策法规要同经济社会发展相结合，同时明确政府职能的设置与当前急需开展的目标工作相协调，协调各方并多维度构建法律新框架，以调整社区的发展与治理的法律结构，更好地为社区治理现代化服务。这就要求政府突破现有的法律结构，在原来的原则基础框架上制定出具有高度概括性、纲领性的主干法律以解决法律滞后性问题，保障社区治理的法律地位。

实践中，我国目前所制定的传统社区管理准则几乎都是以政府及相关部门下发的各项通知、方案、办法、纲要等规范性文件为主，而法律法规只占到极少数。从表面上看，社区治理法律看似结构清晰，有相关的法律条例作为依据，但一到"以事实为依据"的时候可能会发生找不到具体"法律准绳"的现实窘境。进而在社区治理方面也不可能井然有序，社区治理过程中政府职能与社区自治职权范围不明确等治理方面的问题急需通过完善法律体系来解决。

---

① 卢护锋. 行政执法权重心下移的制度逻辑及其理论展开 [J]. 行政法学研究，2020（5）：117-134.

二、地方立法质量不高

立法是国家权力的重要组成部分。科学立法、程序正当直接关乎国家能否长治久安，经济能否繁荣增长。目前我国关于社区治理的一些通知、方案、办法、纲要、法律法规的实施和推进依然存在衔接不紧密、过渡不自然、相互矛盾等问题，对市域社会治理现代化的社区治理法治化建设产生影响，究其根本原因，是关于社区治理的立法工作与治理实践之间存在一定张力，立法内容没有真正契合实际的社区生活和社区治理模式。①

在社区颁布的众多法律、法规及条例中，常会遇到缺乏落地保障的问题，一些法律条文在具体实施工作中显得过于"干瘪"，也难以将政策与政策相连接。综上，一是要制定明确的制度规范，尤其是街道办事处指导下的社区居委会，工作人员应各司其职，明确其行政服务对象，规范落实社区管理制度；二是要努力实现各部门的工作衔接，让在社区内的市、区属机关和企事业单位做好本职工作的同时也能统筹安排，一起执行部署社区事务，通过有效的政策和法律依据让各个部门紧密起来，更好地提升社区治理效果；三是要有制度化的监督机制，通过长效化的监管权力制度形成有效的监管机制。

部分社区立法质量不高，使得很多规范性文件在社区治理的具体实践中并没有有效实施，尤其是与社区居民自治和社区支撑

---

① 曹宇. 后单位制时代社区治理的维权模式与行为分析［J］. 北京社会科学，2019（1）：119—128.

体系建设相关的规范性文件。① 例如，现阶段的城市社区居委会
的选票活动还停留在注重宣传的阶段，没有显示出其社区自治的
治理模式。当前一些社区的法制治理还在建设中，社区居民拥有
的直接选举权与被选举权没有充分发挥，加之有些社区治理居民
参与度不高，导致在实际选举过程中，这些社区居委会选举实际
上是通过户代表和居民小组选举产生的。社区居民会议仅仅在一
定程度上有真正的作用，相关的规范性文件发挥的作用很小。实
际上，即使有相应的社区治理法律法规，其现实执行效果也会出
现偏差。而在推动法律实施的过程中，大量的社会资源，如人
力、物力、财力资源等的投入与消耗，也是影响推进工作的重要
因素。

三、社区资源匮乏

我国城市社区广泛面临资源匮乏、缺乏配套支持这些同社区
治理需要相矛盾的困难处境。一方面是人力资源匮乏。在社区治
理中，社区工作人员，尤其是居委会工作人员首先要提升自身法
律素养才能做好社区工作的组织者，才能有过硬的专业能力去践
行法治工作，才能在社区法治进程中助力一把。当前部分基层社
区治理工作的人员配置与其工作任务并不匹配，一线工作人员的
素质参差不齐，大多依靠多年工作积累的主观经验，缺乏处理相
关问题的专业知识，特别是法律人才紧缺。现有的社区基层工作
人员虽然为社区治理做出了不可忽视的贡献，但是随着时代的变

---

① 吴子靖，顾爱华. 共同体视域下中国城市社区治理的功能整合 [J]. 行政论
坛，2018，25（4）：100－105.

化，在现代化社区治理中需要注入专业的管理人员等新鲜的血液，来激发社区治理工作中的原动力，使社区治理更专业，具有更强的服务意识。但是纷繁复杂的高强度社区工作与收入配比难以吸引年轻的专业型人才，这使得社区工作队伍的扩大需要经过很长一段时间的改革与沉淀。对于社区工作人员来说，在社区治理中要注重法治素养的提高和法治观念的增强，只有这样，社区工作人员才能内化规范依据，在日常社区工作中有章可循，在纷繁复杂的社区事务中也能游刃有余，从而外化社区居民法治思想，依据法律规范解决矛盾争执。另一方面是社区法治资源缺乏。法治资源缺乏具体表现在社区法律服务与保障体系缺乏。社区是法治的基础单元，我国社区法律服务还处在探索阶段。同时法律援助推进基层发展的力度也不够，群众便不能在法律层面上体验优质的服务。这使得原本是法律服务最大的需求者的社区，在众多资源匮乏的情况下却变成一个法律贫瘠的领域。目前，各社区的法律服务工作在人员、设施、机制等方面均处于起步阶段，虽然很多社区都已建立了法律服务工作站点，如法律咨询室、民情恳谈室，但存在有牌无人、形同虚设的情况。社区中虽然依法治理工作事务繁多，但是负责人员少，工作压力大。而且很多社区虽然实际上配备了一定数量的法律服务专业人员，但大部分都是兼职人员，工作开展举步维艰。有些社区虽然开展了普法教育进社区活动，但普法队伍普遍相对薄弱，法制宣传难以做到"广、深、透"，对居民群众的法律服务需求也很难完全满足，对社区居民法律意识的培养也没有起太大的作用。当然，社区经费供应紧张也是束缚法制宣传教育工作开展的因素之一。社区培训仅限于书记、主任等工作人员，并没有深入到社区内部或居民家庭，特别是对社区中的流动人口、闲散青少年等，很多社区的普法教育还远远不到位。普法宣传的方式方法陈旧老套、流于形式，居民群众只能通过一些宣传资料了解法律条文，学习积极性普遍不高，普法成效不明显。

在社区治理工作中，基层社区处在社区治理最基础的环节，也是直接接触人民群众的部门，处理的工作也纷繁复杂。虽然我们可以通过合理使用法律来维护合法权益，但涉及家长里短邻里关系以及感情问题时，人们往往会选择运用有"有温度的法治"——德治，来激发社区居民的内在责任情感。虽然法律手段在社区治理中不是万能的，但是在基层法治宣传中，充分发挥优秀传统文化的熏陶作用，尽可能将德治与法治结合起来，将传统德治文化反映到法治精神中去，让法治世界更加完善和健全也是社区治理法治优化寻求的路径。德治与法治相辅相成一同构成在新时代中提高社区治理效率不可或缺的合力。在社区治理中拥有大量的社会物质资源以及完整的法律体系，这些对法治工作来说无疑是现代化治理中的强有力的保障，面对客观现实，法治是必要手段，也是社区治理的重要依托。总的来说，与其他领域相比，我国社区自治组织还需要制定出反映居民共识的自治章程、自治公约等规范条例，健全法律体系，提高立法质量，集中法治资源，丰富社区治理的法治工具。

第二节　主体依法治理能力不足

社会治理是国家治理的重要方面，是国家长治久安的重要保

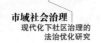

障，社区治理是社会治理的重要部分①，社区主体依法治理能力
的提高是社区治理的重要要求和紧迫需要。

首先，社区主体依法治理是加强社区管理的需要。在社区管理中，各个方面都离不开依法治理，依法治理本身就是社区管理的重要组成部分。尤其是随着改革的深化，过去由政府或所在单位承担的就业、医疗保险、养老保险等社会保障事务逐步由社区承担，社区逐渐成为市民生活的重要舞台和社会管理的主要领域。通过开展依法治理，用法律手段为社区管理服务，规范保障社区各项事业的发展，是社区管理的根本要求和重要原则。

其次，社区主体依法治理是维护社会稳定的需要。伴随着社会人员结构的重大变化和大规模的城市建设，大量离退休人员、个体工商户、私营业主、下岗待业人员、外来流动人员等涌入社区，汇成数量庞大、身份复杂、流动性强的群体。他们的个体思想观念、生活方式、工作职业的差异，可能会使日常社区管理中出现多种矛盾纠纷，如普遍存在的下岗再就业、最低生活保障费的发放、垃圾费的收缴、房屋拆迁、禁毒禁赌等方面的问题，以及因空调噪音、滴水、车辆进出停放等而产生的邻里矛盾，街道社区由此成为社情民意的综合反映地和各种矛盾、问题的汇聚地。靠过去那种由街道干部、居委会主任上门做工作的简单方式已不能适应现实的需要，只有加强社区主体依法治理，用法律手段进行管理，才能够顺应民情，妥善解决矛盾、纠纷，确保社区的稳定。

再次，社区主体依法治理是深化基层民主政治建设的需要。实施依法治理，加强群干联系，保障群众享有的民主权利是社区

---

① 邱玉婷. 市域社会治理现代化格局中社会组织协同治理的效能提升 [J]. 理论导刊，2021 (8)：84—92.

管理的法治愿景。以法律为原则广泛开展"自治"活动，切实把民主选举、民主管理、民主监督落到每一个工作细节。只有这样，才能逐步实现推进基层民主政治建设和城区法治化的目的。

最后，社区主体依法治理是提高市民生活质量的需要。人们在物质生活水平得到满足的情况下，对精神生活的追求有了更高的标准。同时，也对社区治理主体提出了更高的要求，尤其是为居民办实事的街道社区，需要整合法律、文化、医疗等多维度为社区服务，为社区居民提供现代化高质量生活保障，实现社区的居所安全、秩序良好、环境优美、文化生活丰富多彩，确保居民安居乐业。

近年来，各级政府和基层自治组织按照依法治国的基本方略和基层治理法治优化的总体要求，着眼于提升社区法治化管理水平，坚持把社区依法治理工作作为一项重要的基础工程，摆上议事日程，狠抓落实，为社区的发展和壮大创造了良好的法治环境。但在新的形势下，社区依法治理工作依旧存在社区主体依法治理的能力不够的问题，这就需要通过结合实际情况进行创新为社区法治寻求最优解。

一、行政主体法治能力欠缺

社区治理的主体是多元的，包括社区基层党组织、基层政府及其派出机关、社区自治组织、驻区企事业单位、居民等。从宏观上来看，这些主体可以分为三种力量，即政党力量、政府力量和社会力量，政党和政府力量又可以称为党政力量。党的领导主要是对政治、思想和组织的领导，在社区治理中起着总揽全局、协调各方的作用，而不是对具体的事务性工作的参与和控制。目前社区治理的主体，即行政和社会力量，存在着法治能力欠缺的现象，这造成了社区治理过程中的一些问题和不足。

一是部分负有指导义务的行政人员法治思维不足，特别是对法律法规认识不足。存在机械适用法条而忽视其整体性、实际性，不能全局性理解法条所在的整部法律文本的立法原旨，不能系统性理解具体法条所在部门法与其他部门法之间的衔接关系，不能层次性地理解不同法条之间的执行优先性和公共利益均衡性的情况。比如，在一些社区，依法治区领导小组每年为数不多的几次全体成员会议，只能就依法治区工作的规划、年度计划等总体工作研究讨论，而基层依法治理的一些专项工作、需要解决的实际问题则不能及时得到协调解决。可以明确的是，严格依法办事绝不等同于在法条层面上的单一执行，必须要考虑到法治为民的整体性、全局性、系统性，真正地将法治效能融于工作之中。

二是部分领导干部守法意识需要进一步增强。少数基层领导干部对基层依法治理工作的重要性和必要性认识不足，重视不够，认为依法治理是务虚工作、软任务。对具体工作的组织实施仅停留在计划上，上级有指示就形式化地组织实施，满足于应付敷衍，没有真正抓好落实。

三是部分人员学法效果需要进一步提升。部分政府人员在制度的创立、法律的援引与运用方面不能较好理解和把握，法外施权、法上压权的现象时有发生，难以把法律贯彻落实到具体的操作中，办事依法、遇事找法、解决问题用法、化解矛盾靠法的法治良序的构建程度较弱，在制度文本制定层面不够审慎。同时，在深入基层了解情况、指导工作方面投入的精力和力度还有待于提高，不能够很好地发挥政府部门在基层依法治理工作中的职能作用。

四是部分政府单位依法行政水平不高。经过多年实践，基层政府依法行政的能力有了较大提高，但仍有一些部门或单位在依法决策、文明执法等方面存在能力不强的问题，一些重大决策在执行层面的严肃性和延续性有一定的欠缺，仍存在一些有法不依、执法不严、以权压法等现象，体现出基层政府重大决策合法性审查、专家咨询和社会听证等机制还不够完善，一些领导干部积极运用法治思维推进改革发展，但管理社区事务的能力还不强。

五是惩戒机制不够完善，由于部分地区行政执法过错监督改进机制目前还不够完善，操作性不强、执行力不高，在基层干部年终考核、岗位晋升时也没有完全做到合理地考虑到干部的执法过错和社区法治建设成效，因此一些干部的执法过错、不作为、乱作为等行为得不到合理惩戒，导致部分行政执法人员严格依法办事的意识不足。并且基层执法仍存在遇到难题不敢担当、该作为不作为、涉及利益问题不公正、在法定程序面前不规范不严谨、缺乏服务意识，以及处理问题简单粗暴等现象，因此规范执法有待进一步强化。

六是依法治理的监督机制有待加强。目前权力运行制约和监督体系还有待进一步完善，以形成监督合力。政府依法监督的力度还需要进一步加强，监督对象主动依法接受监督的意识还不够好。

二、社会力量法治能力欠缺

在社区治理中，除了政府以外，社区自治组织、驻区企事业单位、居民等也发挥着重要的作用。不过目前一些社区自治组织、各单位、居民等的法治意识还不强、依法治理能力依然远远没有达到社区治理标准。

首先，部分社区干部法治观念淡薄。一是学法示范引领不够。一些社区干部往往在思想上对法治的重视度不够，缺乏主动利用电视普法节目、网络学习平台等身边的资源学习法律的意识，未在群众中发挥学法的良好示范作用。二是法治引领作用不强。在处理居民日常生活纠纷时，一些社区干部习惯于运用说和、私了等老旧办法，而没有主动运用法律知识来化解矛盾的意识和能力，没有有效发挥依法办事的带头作用。三是法治宣传办法不多。一些社区干部把法治宣传当成走过场，习惯于被动开展法治讲座、普法资料发放等法治宣传工作，缺乏因地制宜丰富法治宣传方式、提升法治宣传实效的主动性。而且，在以青壮年为主体的外来人员大量涌入社区的背景下，管理上易造成"真空"，成为隐患。有些职能部门缺乏依法治理的工作前瞻性，还未从宏观上规划管理，导致职责不清，各自为战，距离基层依法治理工作要求还有一定的差距。有些单位则是人员得不到保证或经常变动，经费也不能够保障，渐而使法治工作处于一种可有可无的状态。基层依法治理工作是一项系统工程，方方面面无所不包，涉及全区各部门、街道、社区。相关单位有必要明确专人专职或兼职负责该项工作的日常事务，承担起工作联络事宜。

其次，在当今社会，一些社会组织无法发挥其有效作用，归根到底还是对政府依赖性太强，缺乏自我意识和独立性。完整的社会治理体系中，社会组织是不可或缺的，这是由社会组织的特征，即非政府性、非营利性、公益性与独立性等所决定的。[①] 具体表现为以下几个方面的作用：提供公共服务、化解社会矛盾、

---

① 颜克高. 中国社会组织参与对外援助 70 年：经验、问题与展望 [J]. 国外社会科学，2021（1）：31—43+157.

保障社会稳定性、扩大社会参与、提高社会主义政治民主性等。[①] 同时，它们也能从社会治理源头有效回应社会问题，从而促进社会治理理性化、专业化，对国家政权组织治理资源达到挹盈注虚的效果。社区是社会组织参与社会治理的主战场，社会组织的另一独特优势是民意的集合体[②]，充分贯彻从基层来，在基层中，密切联系人民群众。所以它能充分了解和反映民生需求、提供公共服务、调解公共冲突等，这些都是目前社会治理所急需的。但目前，社会组织的功用并未充分发挥出来。

最后，一些基层群众法律意识淡薄。目前，社区一些居民缺乏法治意识，让社区管理难度大大增大。社区内出现一些摊贩无证经营、居民乱搭乱占乱改、居民违法上访的乱象，造成社区治理难度加大。虽然群众维权意识随着社会发展逐渐增强了，但是对于维权方法的选择和实际操作仍有诸多不足，如由于司法成本和法院实际执行困难等因素的影响，一些群众选择通过行政手段解决利益纠葛。在此过程中，一些社区居民认为通过行政途径解决问题可获得法外利益，这样的错误观念误导一些居民逐渐形成了一种固化模式，故意地将事态扩大，从而博取关注度达到解决自己问题的目的，极大地浪费了社会资源，也破坏了政府机关的正常工作秩序。而这类事件又主要集中于医疗事故和生产安全事故的赔偿纠纷上，主要是因为这两类事件的多发性、利益关联性和复杂性往往容易激化矛盾。二是对违法行为识别能力不足。部分群众不了解法律，不能明确判断某些行为是否违反法律规定，且在对某些行为的性质不能分辨的情况下，找不到较好的咨询途

---

① 黄晓春. 中国社会组织成长条件的再思考——一个总体性理论视角 [J]. 社会学研究，2017，32（1）：101-124+244.

② 姚志敏. 壮大社会组织建设法治中国 [J]. 人民论坛，2015（35）：158-160.

径，对自身行为将导致的法律后果缺乏准确预测，所以存在凭借自身喜好来实施个人行为，在不自知的情况下违反法律规定的情况。三是部分居民的参与意识淡薄。社区作为基层组织，本身就是为人们提供一个参与自身事务和公共事务的渠道。社区居民委员会有三大功能，即自我管理、自我教育和自我服务，这都需要居民们参与其中，发挥依法自治意识，实现为自己服务、为公众服务的目的，深入了解社区的情况。但实际上很多居民的参与度并不高。

三、社区治理法治化人才队伍建设不足

人是各种事务的执行者。社区工作者作为社区治理过程中的重要组成部分，有不可替代的作用，提供社区服务和执行社区治理两项基本工作贯穿了社区的日常运行和建设。相应地，社区工作者的素质对于实现社区治理法治化至关重要，他们的办事模式、办事理念和办事能力都会直接影响到社区工作的完成，对居民们产生深远影响。因此，要增强社区工作者的法治理念，让他们能依法办事，从而提高办事效率，也为居民们树立优秀的法治榜样。社区工作者的专业技能水平与综合素质高低对于社区工作推进有着重要影响。法治化、专业化人才队伍的建设与培养是社区治理法治优化的必然要求。①

目前，社区中有相当一部分工作人员既没有接受过专业的法律教育又没有相关实践经验和工作技巧，且社区大多存在工作人

---

① 李文静，时立荣."社会自主联动"："三社联动"社区治理机制的完善路径 [J].探索，2016（3）：135-141.

员年轻化与专业化比例低的现象。各社区存在着专业化工作人员较少、学历偏低的现象，不能够适应新形势下社区法治化工作的需要。囿于诸多现实困境，如收入较低、发展前景受限等问题，大多数年轻的专业人才都不愿从基层做起，这样使得社区工作队伍的整体素质难以提升，后备干部缺乏，从而直接影响了社区工作的有效展开。

而且，仅有的一些专业人才也没有很好地"人尽其才"。一是专业人才资源不充分不平衡。就律所分布情况来看，中心城区拥有律所和律师资源远高于其他区县，多个区县存在律师资源紧缺问题，有时候甚至存在全区户籍人口十几万人，而现有的本地律师仅仅数十人，相当于平均每一万人拥有律师不足一人，更别说在基层社区治理中的律师设置情况了。二是律师服务的帮助作用有限。律师人才资源紧缺导致律师更多的是忙碌于重大诉讼与非诉案件，而将律师专业能力融入群众日常生活，在提升全民法治意识方面发挥的作用还很有限。三是法律顾问主动服务不足。面对社区治理问题复杂、事情烦琐的现状，法律顾问对于深入基层，特别是社区服务的主观意愿不强，积极性不高，有被动、推诿和应付现象。

第三节　社区治理权责界限混淆

当前社区治理实践中的行政主导模式较为常见，街道办事处（街道办）等行政主体对社区治理的相关议题话语权较大，而居民自治受到一定程度的阻滞。行政主导的模式还是难以在短时间内改变。① 通过这些年的简政放权和建设服务型政府等措施，社会组织的活力大大增强，创新管理意识空前高涨，但权责界限问题也日益突出。② 一方面是因为旧有的影响消除较慢，新老管理模式混用；另一方面是因为新领域的创新在很多地方存在争议和模糊，再加上相当数量的社会组织和政府部门交错，就必然导致权责界限的混淆。

一、政府权责不明确

现下仍是行政主导社区治理，并且在相当的一段时间内无法做出突破性改变。在社区组织发展的初期，由于基层服务人员素质相对不高，政府为了便于管理，对一些关键事务进行了干预，如采取政府审批等措施，这就使得社区行政化倾向加深③，为当前的社会化治理埋下了隐患。再者，我们国家幅员辽阔，基层社会组织数不胜数，即便制定了明确的制度，指明了社区架构和职能分工的方向，也会在落实中出现偏差，再加上交叉任职的制度，进一步导致了权责混乱，难以形成有效合力。表现出来诸如各街道办开展的党建联建工作发展不平衡，驻区单位参与社区共建率不高等现实问题。

---

① 曹爱军. 公共服务"供给管理"的逻辑与进路［J］. 新疆大学学报（哲学·人文社会科学版），2017，45（1）：23—28.

② 耿显家. 新中国建立以来社会组织发展轨迹考察——基于"国家与社会"角度的分析［J］. 西北师大学报（社会科学版），2017，54（5）：60—66.

③ 赵孟营. 社会治理精细化：从微观视野转向宏观视野［J］. 中国特色社会主义研究，2016（1）：78—83.

一方面是行政权力在社区治理场域的泛化。① 长久以来，街道办等基层行政单位承担着基层社会管理职责，作为社会治理主体，在传统治理模式养成的习惯下，极易过度干预。行政主体依靠所掌握控制的资源优势及行政职权，对社区事务进行宽泛而细致的管理，发挥大家长作风，大包大揽，其他社区治理主体的权限便被压缩，从而失去施展的空间。相应的，行政主体也会因背负包袱太重，陷入疲于治理、问题越治越多的现实困境。另一方面，一些行政主体过度滥用其权利。在管理型政府向服务型政府转型的过程中，因为理念转变不到位，在处理社会事务、化解社会矛盾的过程中，出现少数行政主体处理方式简单粗暴的情况。此种做法在一定情形下有利于快速、高效地解决问题，但却容易引发公众对法治的不信任感。

在基层中，一组最具代表性的关系就是街道办和社区居委会之间的关系。街道办作为政府的派出机构，并且是最基础的一级派出机构，显然是政府权力的代名词，而社区居委会则是基层社会组织的最小符号之一，两者在治理结构的位置并无明显差距②，体现为指导与被指导的关系。③ 但在实际过程中却不然，街道办掌握着社区资源的分配权，社区居委会的日常开支多数仍然由街道办提供，社区人事任免、工作任务分派和绩效考核也掌握在街道办手中。这就导致了社区居委会成为街道办事处的下属机构，或者说执行工具，丧失了相对独立性。一些社区居委会想

---

①　石佑启，杨治坤. 中国政府治理的法治路径 [J]. 中国社会科学，2018（1）：66－89＋205－206.

②　屈群苹，孙旭友. 城市社区邻里纠纷化解的治理逻辑——基于 H 市 S 社区居委会调解的实践分析 [J]. 学海，2015（5）：182－186.

③　曹海军. "三社联动"的社区治理与服务创新——基于治理结构与运行机制的探索 [J]. 行政论坛，2017，24（2）：74－79.

改变现状，发挥自己的主观能动性，也会迫于街道办事处的行政命令不得不走上千篇一律的老路，困在各种竞赛和检查之中。究其根本，最主要的原因还是在于社区居委会没有独立的财政收支事项，各项日常开支均由基层政府提供。基层组织设立的初衷是自我管理、自我服务和自我教育，但在实际执行中却经常不能满足一些群众诉求。

二、执法行为不规范

依法行政应严格遵守上位法律与尊重社区的重要要求。深入推进依法行政、加快建设法治政府，是市域社会治理现代化下社区自治与法治相结合，构成市域治理现代化下社区治理法治化的重要特质。在我国，党和政府是推动法治建设与社区治理的关键，同时也不可忽视人民群众的社区自治的作用。在执行国家法律、省级地方法规的前提下，要关注基层社会的利益与要求，尊重社会自治和社区自治的力量，这种双重责任构成了社区治理法治化的重要特性。

在社区治理中，立法是灵魂①，执法就是生命②，有法可依还要做到执法必严，没有落实的法律都是一纸空文。然而现实中执法不严的问题仍然存在，阻碍了社区法治化建设的进程。对于基层政府和干部，虽然设有从职责权限到程序等方面的法律法规，但还不十分完善，不能完全明确其权能职责，使得不作为或

---

① 钱大军，赵力. 地方治理视野中的地方立法 [J]. 湖湘论坛，2020，33 (6)：42—53.
② 陈柏峰. 乡镇执法权的配置：现状与改革 [J]. 求索，2020 (1)：95—105.

乱作为现象偶有发生。比如，对于很多社区纠纷，一些部门和干部存在着"和稀泥抹光墙"的思想。这可能导致基层执法出现问题，让愿意走正规程序的人们有时得到的是拖延、应付。科学的方案和统一的尺度缺乏更是加剧了执法的随意性。这也是导致群众意见较大，上访行为和群体性事件不断发生的重要原因。

第一，执法行为不规范。实际执法过程中程序缺失和行为失当还时有发生，无法充分做到程序和实体并重，难以事事做到重视规矩意识和法治意识。举个例子，在突发公共卫生事件防控过程中，虽然严格的防控措施对快速控制局面发挥了重要的作用，但是也不能忽视存在一些不依法办事、滥用公权力的现象。如生态环境部某次通报典型案例显示，某市打着大气污染治理的旗号，违规设立3处进出城区的重型车辆冲洗站，规定进出站的车辆无论是否干净都必须交费洗车，直接损害了司机们的个人利益。这反映出行政权在行使的过程中存在一定不合理的扩张及被滥用的问题。

第二，执法观念错位，服务意识淡薄。错误做法源于错误观念，一些执法部门和执法人员缺乏法治思维，不能看到全面的执法方式，片面适用处罚行为，重罚轻管，这就必然形成粗暴执法，形式执法，只会处罚的恶性局面。其实，社区治理是一个几方合力的过程①，群众和执法人员配合，乡规民约和行政规范性文件配合，实现和衷共济、软硬相适的自治管理。行政人员执法时片面地认为很多事情都要通过"行政之手"来调控是非常错误的，也是社区治理法治化的桎梏。

第三，缺乏强有力的行政执法监督。只有监督有了保障，执

---

① 张勉. 法律视角下桂东南新型农村社区的治理模式探究［J］. 农业经济，2019（6）：33—35.

法才能顺畅，才能做到执法必严，有效降低执法随意性。但目前依旧存在着同级监督太松太软，而上级监督太远太难的问题，除此之外，吃、拿、卡、要，收受贿赂等事件也偶有发生。这导致了部分公民参与度不高，部分群众的合理意见得不到充分表达、合法诉求得不到充分体现、合规批评建议得不到重视和受理的后果。

三、公民主体意识淡薄

社区治理的精髓在于"治理"，这是相对于以前的社区管理提出的新概念，强调自主性，现在更是进一步提出了社区治理社会化的新要求，更加强调了自主性。① 自主性是如何体现又如何实现的呢？主要是主体的差异带来的。社区管理强调政府干预，政府作为社区事务的管理者，制定行政命令再进行推行；社区治理强调群众参与，群众作为社区事务的参与者，维护自身利益的同时维护公共利益，自主管理基层公共事务。社区治理对居民的公民意识和主人翁意识提出了新要求，亟须增强主体意识，提高公众参与度。当前我国社区居民普遍主体意识淡薄，缺乏对权利义务的明确认识，大多只关心与切身利益相关的事务，而对公共事务漠不关心或者不知怎么关心，因此无法积极主动地参与社区公共事务和决策。这种现象不仅会导致决策失衡，无法真正体现民意，也会导致邻里关系的疏离，无法让社区形成一个紧密整体。

---

① 王名，张雪. 双向嵌入：社会组织参与社区治理自主性的一个分析框架 [J]. 南通大学学报（社会科学版），2019，35（2）：49—57.

　　目前，社区治理所面临的重要问题之一就是居民缺乏当家做主的精神，不少人一味接受管理、法治参与不够、主体意识淡薄。这一问题主要表现为居民法治维权意识不强，学法、守法、用法氛围淡。社区公民往往缺乏自觉的当家做主意识，没有充分行使自己的权利。我国居民目前整体的法治意识还远远不够，对于自己所拥有的社区治理权责定位还不十分准确。

　　相较于主体意识的缺乏，法治意识缺乏的问题更加明显。居民不是人人都学法懂法，社区治理法治化又需要相对成熟的法治思维去推进，有限的个体法治素质面对迫切的法治化进程必然会陷入困局。当前，道德规范和生活习俗依然是指导和调节群众行为的主要依据，法律在不少人的心目中缺乏依赖感。相当一部分群众咨询、学习法律往往是因为事到临头了而抱着实用心态去接触，知法守法用法等法律意识还较为淡薄。生活中，一些群众在自身合法权利受到侵害时，总是先选择忍耐，这些现象都表明提升居民的法治素质，增强法治意识已迫在眉睫。

　　居民法治意识的缺乏究其根本，和目前社区普法力度不够，良好的学法氛围未能形成等息息相关。虽然通过近年来的法制宣传教育活动，部分群众学会以法维权，但大部分基层群众法律意识还比较淡薄，法律知识相对匮乏。这就说明社区法治宣传活动多流于表面，实质上没有达到预期效果。

　　还有一个现实原因就是合理合法的维权渠道不畅通，一些居民愿意去尝试相应渠道依法维权，并且也具备了一定法律知识，却屡次维权无果，有些人不相信通过法律能够维护他们的合法利

益，"信访不信法"①，形成上访比法律解决更有效率的错误认
知。现实生活中，少数"老访户"更是一定程度上陷入偏执的状
态，上访已成为其一种生活方式而不是正常的诉求形式。这就导
致社区治理过程中产生许多矛盾和问题，最终酿成各类事件。如
果不强化提升居民群众的法律维权意识和法律素养，基层法治建
设工作将难以推进，也难以发挥其保障人民群众合法权益的重要
作用。

四、组织架构不科学

中国的社区是一座连接着街道办事处和社区居委会的桥梁，
是政权最末梢和基层组织最小符号的直接对话。② 社区治理的效
果取决于二者之间能否保持适当的均衡。政府的行政压力大，社
会力量就会受到压制，同时这种压力会反作用于政府，并通过不
信任、不参与、不合作甚至对抗等形式表现出来。在这样的背景
下，社区各主体的自我定位与职能发挥彰显出极大重要性，而要
保证主体尽其作用、履其职责的前提就是构建一个科学的组织
架构。

目前，社区普遍存在着主体关系定位不清与职能定位模糊的
问题。社区的组织架构质量难以满足基层社会治理的现实需求，
使得各类主体在社会管理和服务中发挥"协同""参与"的作用

---

① 姬艳涛，杨昌军. 社会组织在基层治理法治化中的功能及其实现——基于
"枫桥经验"的调查和思考 [J]. 中国人民公安大学学报（社会科学版），2018，34
（4）：118-126.

② 赵守飞，谢正富. 合作治理：中国城市社区治理的发展方向 [J]. 河北学
刊，2013，33（3）：154-158.

仍然薄弱。在日常工作中，居委会不仅承担了大量的政府下派工作，而且还因为行政事务的积压，大大减少了对社区基层群众事务的关注，形成了行政管理挤压社区自治空间的现象。职权划分以外还有追责制度的问题，下派的行政工作不仅带来了大量的工作任务，附带的追责行为也给基层社区工作人员造成极大工作压力。这很大程度上增加了社区的额外负担，让其精力集中于行政事务上，既降低自治性也打击了积极性。所以形成科学的组织结构还必须完善社区治理主体的责任追究制度。

治理主体之间关系不清是一个根本性难题，也是社区治理法治化过程中必须要克服的关卡。我们应该通过科学合理的组织架构为各治理主体搭建合适的权限空间，从根本上解决政府职能偏位、缺位和越位，充分发挥社区基层组织的自治性，真正实现自我管理、自我服务、自我教育。

第四节　多元共治基础格局脆弱

当前，国家将目光集聚在社会治理上，作为实现社会治理的重要载体，社区也不可避免地成为一个复杂的矛盾综合体。特别是近几年来，为突破社会治理创新这一难题，各种新政策在社区进行试验，带来了各类组织集聚和各种利益交汇，使得矛盾日益突出。同样能看到的是卓有成效的变化。在党委领导下，政府和社会组织协调一致，居民积极参与良性互动，让社会治理创新发展找到了关键切入口。党委和政府对于目前社区建设的高度重视，为构建多元共治的社区治理模式、着力建立现代社区治理体系和构建社区良性社会生态做出了重要贡献。但当前的社会发展趋势和社区组织架构等依然使现有的社区发展模式受到诸多限制。如上文所述：一方面，社会转型的阵痛期留下的伤痕犹在，政府干预过多，基层社区中行政事务和社区事务混杂，导致界限模糊，社区服务行政化特点明显，社区治理的系统性、回应性、协同性不足；另一方面，社区组织架构不完善，自治机制严重缺乏，居民难以积极有效地参与社区公共事务，无法形成社区共治共享、良性互动的局面，单一的社会治理主体必然导致社区多元共治基础薄弱。

多元共治治理模式的核心内蕴可以分成三部分，其中"多元共治"是主题，而"建立现代社区治理体系"和"构建社区良性社会生态"是目标，最终形成以"多元主体、多元平台、多元服务"为基本架构的多元共治社区治理体系。[①] 主体的多元化能激发社区治理的活力和创新力，平台的多元化为社区治理的实现提供众多渠道，服务的多元化让社区居民的多样需求都能得到精准高效满足。多元共治以共同利益为依托，充分调动多元主体的积极性，在对话中寻求共识，在合作中达成一致，在良性竞争中共同进步，最终实现共治共享。多元共治不会摒弃政府，更不会让社会主体当观众，而是协调各方，在一个最佳合力点上共同发力，促进社会治理现代化。

市域社会治理现代化下的社区治理由空间范围、行动主体、治理手段、治理目标四个要素构成[②]。既然社区治理法治化旨在探讨如何将社区治理的各项事务纳入法治轨道，那么社区治理的法治内容无疑也包括这四个方面的内容。综合起来，社区治理的

① 李晓梅. 城市社区治理质量的属性、内涵和评价维度——基于社会行动系统论的分析框架 [J]. 行政论坛，2021，28 (1)：113-118.

② 边防，吕斌. 转型期中国城市多元参与式社区治理模式研究 [J]. 城市规划，2019，43 (11)：81-89.

法治化包括治理空间法定、治理主体适格、治理权运行合规、治理手段合法、社会公共产品供给均衡、公共服务分配公平以及公正解决社区矛盾纠纷的法治程度等方面的内容。然而，目前我国虽然提出了新时代市域社会治理现代化下社区治理的目标，但由于目前社区治理的多元共治基础格局脆弱，作为社区治理现代化重要内涵的法治化水平依旧未达到理想的状态，无法跟上治理现代化的步伐，此点应该予以重视。

一、多元主体格局尚未形成

开展基层社区自治不是空想，更不是头脑发热。基层社区作为构成社会的基本符号，代表了最广大人民的最真实利益，也最接近社区工作一线的实践和具有最丰富的生活集聚表征，只有各个基层社区融入治理过程，才能最大限度地搞活治理，实现共治。构建多元主体格局的社区自治组织，对于推进社区治理现代化法治化至关重要。马克思认为，未来最高级的社会主义必然是每个自由人的结合，即"自由人的联合体"。[①] 在这里"自由"不可或缺，但"联合"同样举足轻重。社区治理的多元主体需要联合，强调团结一致，以每个主体的努力汇聚成社区治理现代化的推手，释放社会治理文明的发展潜力。政府在推进社区治理的过程中要摆正自己的位置，找准定位，既要为治理指明方向形成后盾，更要厘清自治与帮扶的力度关系，为社会主体充分参与社区自治预留足够空间。相应地，政府要以乡规民约、市民公约为

---

① 邵发军. 习近平"人类命运共同体"思想及其当代价值研究［J］. 社会主义研究，2017（4）：1−8.

制度保障，以互商互谅、共治共享为协作机制，以现代信息网络、基层公共事务等为参与平台，为社区居民和团体组织提供完善而充分、可信又有趣的多样参与渠道。从而全面提升公众参与基层社区法治化建设的能力和水平，依靠社区自治实践培养出更多维护社会秩序良性发展的创造者。

社区治理法治化成效仅依靠政府或居民自治组织是无法满足居民日益增长的美好生活的需要的，还需要多元化的治理主体。目前，涵盖政府、居委会及社会组织、居民、驻区单位、企业、志愿者等的多元治理体系还未有效建立，基于多元治理基础上的法制保障也无从谈起。城市化进程的延续，使得社会多元主体间的利益纷争逐渐加剧。党中央提出要"发挥群团组织、社会组织作用，发挥行业协会、商会自律功能，实现政府治理和社会调节、居民自治良性互动，夯实基层社会治理基础"。然而，目前尚未针对社会组织、居民参与市域社会治理提供充分的法治保障，社会组织参与社会治理缺乏法律依据。在社区治理中也存在着同样的问题，社会组织有序参与社区治理的规范设计不全面，社会组织良性参与社区治理的内外监督机制不健全，社会组织切实参与社区治理缺乏充分的资源支持。由于法律制度上的缺失，使市域社会治理现代化的社区法治化治理大部分局限于政府，行政化色彩浓重，难以形成治理主体多元化格局。

市域社会治理现代化的社区治理主体多元格局的缺失致使社区的治理对政府依赖程度过高，潜在地拓宽了行政权力渗透社区治理的边界，而追求行政效率的内在诱因又一定程度上催生了不合规、不合理的治理乱象，突出表现在征地拆迁、社区秩序管理等领域。行政权力的过度强硬在一定程度上压缩了社会组织、公民参与社区治理的空间，治权冲突主要体现在行政机关与社会组织的治理边界或治理权限问题上。行政机关对行业规则的过度调整势必会影响行业自治权的发挥。因此，市域社会治理的治权边界有待进一步明晰。

二、多元治理平台设立缺失

法治路径在解决社区各类事务，如矛盾纠纷上具有天然优势，是反映社区秩序、社区问题的指针。多元平台的建立有利于相关主体法治能力的提高，也是提升市域社会治理能力、推进市域社会治理现代化的重要手段。然而，目前我国在社区问题解决机制方面还存在多元主体缺位、多元平台缺失等问题，部分地方政府对社区问题大包大揽的作风弱化了社区的自我调节能力，打击了群众参与解决纠纷的积极性，减弱了社会自治的活力和创新力。同时，部分行政机关人员受行政思维的束缚，注重行政效率而忽视法律程序，有法不依、执法不严、违法不纠的现象仍然存在，人民群众反映的办事拖沓、执行越位、处理缺位等与群众切身利益息息相关的问题改变缓慢，这都需要在社区治理中重点关注，大力整治。

建立于法治基础上的多元共治蕴含了法治、协商和自治的理念，它是一个基于法治和一定程度自治的相互融合的复杂的开放系统。合作是多元平台建立的应有之义和题中之义。总而言之，就是要利用各方平台、协调各方力量，搭建社区治理的坚实基础。例如，居民议事会制度的建立，能有效发挥社区党组织、居委会、工作站、业委会、物业企业、驻社区单位、社会组织、社区民警、社区居民等方面的代表职责；以制度为穿线绳，将社区各方力量联系起来，充分行使民主决策、科学评判的权利，让社区公共事务成为每个人的事务，有利于形成共建共治共享的良好

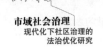
氛围。社区工作评议会以居民满意度和社情民意知晓度为导向，将社区矛盾处理的权力交还给社区，不仅实现了矛盾透明化，也为培养具有矛盾处理能力的新生力量，吸引专业力量提供了一个好去处。另外，社区服务执行平台的建立，能够更好地梳理当前各类社区服务工作，统合行政服务、基本公共服务及个性化服务，建立社区服务新模式，提升社区服务水平。最后，社区信息网络平台的建立，能让社区居民享受更加方便快捷的智能服务，实现效率化、智能化的办事目标。

三、法律服务供给不足

推进服务体系建设尤其是公共法律服务体系建设是社区治理法治优化的重要形式，是实现社区治理法治化、现代化，变社区管理为社区治理的重要措施，对提高整体社区治理水平具有重要作用。但我国目前的公共法律服务供给能力并未达到社区治理法治化应有的标准，与市域社会治理现代化的建立标准也相距较远。

首先是缺乏健全的公共法律服务平台。从纵向看，区县及乡镇区域不仅缺乏搭建专业法律服务平台的资金和经验，从事这方面事务的专业法律人才更是紧缺，让基层公共法律服务平台的发展举步维艰。从横向看，东部沿海发达地区虽然已经建成相当规模的公共法律服务平台，但是面对这些地区复杂的发展情况，处理本地区冗杂的法律事务也显捉襟见肘，要带动其他不发达地区的公共法律服务平台发展就更显力不从心，时不时的法律援助也是杯水车薪。

其次是公共法律服务供给渠道较为单一。长期以来，政府一直是提供公共法律服务的主力，并且投入了极大的人力物力财力。一些公益性的个人或社会组织有心提供公共法律服务，但受限于地域、程序、成本等，也都影响力有限。再加上现在的法律共同体竞争激烈，不似以前极度缺乏法律人才，现在大多数的专业型人才为了名利也为了自己的生计，不愿做公共法律服务工作。这些情况都是形成当前公共法律服务供给渠道单一局面的重要原因。随着社会发展，人们的各类需求增加，矛盾纠纷也不断增加，对公共法律服务的需求更显突出，此种局面下，单一的渠道更是不堪重负，完全背离了公共法律服务工作可持续发展的目标。

再次是公共法律服务供给缺乏完善的保障。前文说到的激烈竞争的法律共同体反而在公共法律服务这一区域形成空白就是因为这个原因。国家投入了大量教育资源培养的专业型法律人才，大多被吸引到高薪高福利区域，愿意在公共法律服务这块苦寒地开垦的人少之又少。① 我们不能寄希望于道德的约束让这些人自愿放弃好的工作，也不能不计成本地投入以拉高公共法律服务人员的待遇，但是至少要保证公共法律服务人员基本的福利待遇，保障法律服务人员的生活需要，让公共法律服务成为年轻的专业人才历练的第一站，形成完整的培养链。如果人才保障是第一生产力，那么组织保障就是助推剂。各部门应当与社会力量互相配合，为从事公共法律服务的人才提供相应便利，如降低从业门槛、增强地区流动等。

最后，大众对于公共法律服务体系的内涵和外延认识不够，公共法律服务内容不清晰，导致服务质量和效果无标准，服务界

---

① 黄东东，张娜. 基本公共法律服务视野下的法律援助均等化研究 [J]. 山东社会科学，2020（6）：178-182.

限不明确，没有提高到市域社会治理的站位上谋划全局。这反映
了多元服务机制中，多元主体对公共法律服务体系建设的支持力
度不够，公共法律服务缺位的现象频发，公共法律服务体系建设
的体制机制、财政保障及制度保障不甚健全。[①]

---

① 司马俊莲. 民族地区公共法律服务体系的建设与完善——以恩施州"律师三
进"模式为例 [J]. 中南民族大学学报（人文社会科学版），2019，39（2）：150－
154.

第五章

市域社会治理现代化下社区治理法治优化的解决进路

第一节　增强社区治理的法治工具供给

　　法律是一种由国家立法机关经过一定的程序制定形成的用以约束人们行为的规范。法治的实现体现的是规则之治。实现法治目标，就是要用法律确立的标准对人们的行为进行引导、规范和惩戒。在法治目标实现后人们的生产和生活能够有法可依，法律成为人们行为的准则。因此，社区治理法治优化的实现就必然要求社区主体依法治理能力的提升。而增强法治工具是社区治理法治优化的具体实践。以实现国家治理能力和治理体系现代化为指引，对社区治理进行法治优化可以使社区治理向着更加高效和规范的方向发展，保障社区生活具有安定平稳的秩序，使社区内居民自我治理与自我服务方面得到更好的实现，不断增强居民的幸福感和实现感，营造高品质的社区环境，让社区居民能够获得更加幸福的社区生活。社区治理法治化是指社区民主治理、科学治理和规范治理的法治化。通过法治手段优化社区治理模式，可为人们的生产和生活提供稳定的预期和可靠的制度保障。

一、制定系统的社区治理规范法规

在我国现行法律体系中，城市社区治理的相关法律大多是在城镇化发展早期颁布的，存在着适用范围小、可操作性差等问题。市域治理现代化下的社区治理法治化是一项重大工程，涉及大量的法律制度，如与社区居民日常生活需要相关的制度需要及时修改和完善。立法机关应充分考虑城市社区治理的现实问题，完善相关法律制度，以适应新常态下基层治理和社区管理的新目标，为城市社区依法管理提供制度层面的法律保障。

在立法层面，当前的社区治理法律规范体系主要有以下问题。一是法律规范体系混乱。这一问题的出现，根源在于社区治理主体的多元化，规则的制定者和管理者多元化使得社区治理的规范体系较为混乱。不同部门的规则在实施的过程中会相互冲突，难以实现社区治理的规范化。在社区治理的过程中出现的新的治理部门，如社区便民服务中心以及矛盾调解中心等，也会在为居民生活提供便利的同时，加剧治理主体混乱的局面。二是法律规范欠缺。在目前社区治理的法律规范体系中，缺乏系统性的高位阶的立法，无法对社区治理的基本原则、目标路径以及实现方法进行系统的总结和指导。这种法律的缺失经常会导致治理过程混乱。三是社区治理法治优化的要求需要一部权威规范的法律文件，将原本分散的治理主体进行组织，推动社区治理的方法理念和工作路径进行变革，法律的完善对于治理模式的优化具有重要的支撑作用。

以往的社区治理规范文件，大多分散繁杂，缺乏系统性，难以形成治理合力。在社区治理法治优化的过程中，通过立法的手段，制定系统的规范性文件，将现行的治理规范进行确认，同时将分散的社区治理制度进行整合，将新发展理念融入统一的法律文件中，使得新的规范性文件既能做到对以往经验的总结，又能顺应时代发展的要求。可以先在地方进行立法试点，总结立法经验，提高立法技术，之后再考虑在更高位阶地域进行法律的推进。

关于社区治理法治优化的立法应当对社区治理法治优化的基本原则和理念进行明确表述。在具体的实施中也应通过立法对人员配备、认定标准以及就业帮扶进行规定，保证社区治理的规范化和法治化，使得社区治理法治优化的过程更加平稳流畅。

立法机关可尝试制定专门针对城市社区的立法，通过部门性的城市社区管理法律法规，制定社区法。社区治理涉及面广，需要从各个方面、多角度进行系统治理。关于适用于城市社区的特别法律规定，应广泛考虑有关领域学者和人民代表的意见和建议，充分体现社会实践，充分表达民意和社会舆论，依法协调行政主体和社会主体关系，客观、公正地制定切实可行的法律法规。社区自治机关的主要职权、社区住户的自治权、国家机关、自治组织之间的管辖权和职责等，必须在法律层面得到确认，并建立监督和报告制度。通过法律法规明确城市社区主体的权利和责任，实现利益平衡。

需完善社区中介组织和非政府组织的法律法规。在城市社区治理中，公共行政与居民自治之间存在一个混合的中介区，即由社会组织组成的非政府组织，在国家与公民的互动与合作中发挥中介作用。对于这些组织，还应形成更为完善的法律法规体系予以规范。

二、推动形成多元主体协同机制

国家治理体系主要分为三个不同的层面，国家层面、社会层面和社区层面。国家层面和社会层面属于宏观视角，社区层面倾向于微观考察。社区治理在国家治理的过程中发挥着基础性的作用，承接国家治理和社会治理的成果。

微观层面的社区治理与宏观层面的国家治理以及社会治理有着显著的不同。国家治理和社会治理有着鲜明的公权力色彩，公共权力的发挥在治理的过程中具有主导性的作用。国家权力在治理的过程中通过顶层设计将新理念、新方法以及基本原则等内容在社会生活中进行体现。个人在宏观治理的过程中更多的是被动接受，意见和诉求的提出只能在决策之前，决策一旦做出，个体就需要服从。即使有时个体的利益受到损害，为了公共利益的实现，个体依然需要服从决策要求。在社区治理的过程中，多元化的治理主体以及自治性的治理模式是社区治理区别于国家治理和社会治理的重要内容。在社区治理的多元主体体制中，相关的治理主体包括基层政府、基层群众自治组织、物业服务公司、社区服务中心以及全体居民组成的居民大会等。这些主体的地位、职能以及在社区治理的过程中发挥的作用各不相同，但是却有相同的目标。这种目标的一致性是构建多元协同的治理机制的基础。

政府是社区治理的重要主体之一。在社区治理法治优化的过程中，应当更加注重政府的指导职能的发挥，以促进基层群众自治组织自治职能的发挥，政府在社区治理法治化的过程中应当发挥理念指导和底线保障的作用，避免成为全能政府。基层群众自治组织作为我国治理体系的重要组成部分，其法律地位已经在法律中得到确认。社区治理中居委会和村委会的地位和作用依然不可替代。在保证居民行使自治权利，加强基层政府与群众之间的沟通和了解方面，基层群众自治组织的作用依然显著。在社区治理法治优化的过程中应当增强基层群众自治组织的独立性，通过"去行政化"的手段赋予基层群众自治组织更大的自主性，更好地调动群众自治组织的积极性，提高其服务群众的能力。

在政府和居民委员会之外，其他的社会组织和民间团体也应当有相应的参与社区治理的渠道和方式。这些组织参与社区治理的前提是拥有一定的专业水平，并且与社区生活有一定的关联程度。对于专业程度和关联程度的认定也应当由法律进行规定，通过法律制度的完善推动多元主题协同机制的形成。

在社区治理法治优化的过程中，权责分明、职能协调是构建多元主体协同机制的重要原则。各个主体通过立法明确职责，依照法定程序行使职责，承担责任，推动各个主体相互协作、相互配合，形成治理合力。在权责分明的工作原则的确立方面，不仅应对各个主体进行明确的界分，还应对社区治理中政府的职能履行事务与居民委员会事务进行明确的区别。各主体在法律授权的范围内互相配合但又不相互掣肘，各自履职尽责。

三、发挥社会规范在社区治理中重要的补充作用

根据系统完备的法律规范进行社会生活的规范和治理是实现法治最基本的要求。但是社区主体法治化水平的提高所要遵守的不应仅仅局限于严格意义上的法律。在现代社会依靠的规则体系

中，严格意义的法律法规具有基础地位，发挥着主体作用。同时，在纷繁复杂的现代社会，社会规则体系还包括许多其他的种类，这些规则体系的类别、层级和效力不同，共同发挥着调控社会的功能。市民公约、团体章程以及行业规章等多种形式的社会规范都是保障社会安定秩序的重要依据。在基层社区法治优化的过程中应当对这些社会规范进行充分的关注。不仅要增强社区居民遵守这些社会规范的意识，也要不断对这些社会规范进行整理和审视，实现社会规范的不断完善。在法治优化的过程中，要不断充实和完善市民公约和村规民约等社会规范，调动社区居民的积极性，不断提高社区居民遵守规则和反思规则的意识和能力。要引导基层群众自治组织通过一系列社会规范进行自我约束和自我管理，最终达到自我服务的效果，以提高社区主体法治意识，强化社区主体依法治理的能力。

基层政府在提升社区主体依法治理能力的过程中应当充分发挥引导和监督的作用，确保基层群众自治组织根据自治权制定的社会规范不违反法律规定，同时与社会主义法治精神和社会主义核心价值观保持一致。

四、充分发挥社会组织在社区治理法治优化过程中的重要作用

基层社区是我国社会治理的基本单位，基层社区的法治能力对于我国国家法治能力具有重要意义，要充分发挥社会组织在社区治理法治优化过程中的重要作用。在各种法治能力培养和教育活动中，要努力体现法治原则和法治精神，扩大社会参与，提高社区居民的法治能力。提升法治能力的宣传教育活动要立足实

际，体现社区特色，根据参与主体的性质和特点，开展符合社区实际的法治宣传教育活动。在体现社区特色的法治宣传教育活动中体现法治精神和法治原则。努力通过法治宣传教育活动的开展，使社区居民明确自身的权利和义务，逐渐成为法治社区建设的重要力量。

在市场经济中，多种形式的社会组织在社会治理领域发挥着重要作用，在政府、社会和公民之间起着重要的连接作用。在改革开放的过程中，社会组织在我国取得了巨大的进步，但是依然存在一些问题，突出表现在社会组织的数量、监管、覆盖面以及作用发挥等领域。在社区治理法治优化的过程中，应当充分按照相关文件的指示，支持和引导多种形式的社会组织参与进来，充分发挥社会组织在社会治理中的连接作用。

应当努力将社会组织发挥作用的机制和路径制度化，创新社会组织服务和协调模式，健全政府采购机制，把可以由社会组织完成的事交给社会组织，政府更多地发挥监督和保障作用。相关部门应通过制度建设引导社会组织发挥优势，进行社会服务活动，构建专业化、制度化的服务平台；引导社会组织积极参与社会治理、维护公众权益、对社会困难群体进行帮扶、预防违法犯罪活动。

通过调动行业协会和商会类社会组织的积极性使社会组织更好地服务市场经济。减少政府对社会组织正常活动的干预，努力促使行业协会和商会类社会组织与政府机关脱钩，实行政企分开，使社会组织成为具有健全的组织机构、完善的运作制度、明确的权责归属以及规范的运行体系的社会活动参与主体。社会组织在社会治理中主要有行业自律和专业服务的功能，应当对这两类功能进行不断完善，为社会组织成员和社会公众提供方便高效的专业服务，也不断在相关行业开展自律活动，促进行业运行的规范有序。

相关部门要加强对社会组织的监督和管理，不断健全社会组织管理的相关法律规范，使社会组织在法治化的轨道上运行。通过法律法规的健全，构建社会治理各主体有机结合的监管体系，其中法律发挥规范和引领作用，政府发挥监管和保障作用，社会发挥监督和支持作用。通过相关规范的完善优化社会组织的内部治理结构，在治理结构上提高社会组织自我监督和自我约束的意愿和能力，保证社会组织在法治轨道上规范运行，有序发展。此外，还应加强对在我国活动的境外非政府组织的监督和管理，引导它们在我国境内按照相关法律依法有序开展活动，发挥其吸引投资、活跃市场的积极作用。

第二节　规范社区治理的权责运行体系

在社区治理法治优化的过程中，规范明确的权责运行体系对于社区治理法治化水平的提升具有重要意义。规范的权责运行体系下的社区治理应当具有以下特征：基层群众自治组织和基层干部的权责事项明确清晰；基层群众自治组织的运行机制完善；基层群众自治组织具有组织能力和解决矛盾的能力；基层干部具有法治意识、法治思维以及运用法律解决冲突和矛盾的能力；基层民主不断得到巩固和提高，群众的知情权、参与权以及监督决策的权力得到充分实现；对于群众反映强烈的问题能够在第一时间得到及时解决。

我国市域社会治理的主要特点即城镇化速度快、规模大，但是相应的经验沉淀却囿于时间因素而略少，故而可在一定程度上参考、吸收、转化社区治理的域外经验，以便规范市域社会治理现代化下社区治理的权责结构。

一方面，要进一步加强新时代"枫桥经验"应用推广。社区治理一直被认为是公民自治的一种典型形式，所谓社区自治实际上是社区协调下的一种社区管理形式，它需要社区居民的积极参与。它是一种自下而上的形式，在社区建设过程中，社区自我管理是最重要的。而通过政府的宏观调控以及有关部门制定法律、法规、条例等手段，使生活在社区中的人们在工作和日常生活中有了可以遵守的规则和法律，从而帮助社区平衡各方面的权益。

另一方面，也需要注重纵向的行政主体对社区治理的关系调整。在社区治理的过程中，政府处于领导地位，直接管理社区，民众按计划参与活动或管理。这种治理体现了统一治理和民主自治的原则。例如，有关社区规划、社区建设和社区治理层级结构的法律法规由国家统一设计和实施。此外，国家还为社区建设提供财政支持。在这一过程中，政府行为和社区行为密切相关，社区治理呈现强烈的行政色彩。占主导地位的一方通过多种方式对社会治理的过程产生影响，以巩固和扩大群众基础。因此，居民并非没有独立的权利。居民在国家机构的领导下共同管理社会问题；公民对来自上层的治理和提升做出反应。大多数居民愿意参加社区治理活动。在这一模式下，社区治理的资金来源主要是公共资金，辅以社会赞助，这也充分体现了社区治理模式的多元化。

第一，发展现代社区治理模式。这种形式协调国家、社会和群众的资源，共同管理社区。这反映了当今社会的社会治理趋势。国家宏观调控应当在适当的条件下进行。社区居民的自治现状充分表明，他们在自我管理和自我服务方面具有独特优势。在权能机构的领导下，社区群众通过参与相关组织实现对社区的管理，以提供优质服务作为社区治理的主要目标，促进城市社区组织体系总体上趋于完整和多层次。社区治理的问题非常广泛，从政治要求到经济发展、文化和休闲活动、教育和培训，大多数问题都是居民生活中的服务项目，这样的模式不仅有助于协调社区内不同管理主体的利益，还可以最大限度地提高城市环境的公共利益，并有助于加强社区居民之间的交流。

第二，对政府职能和服务型自治机构进行重组。在应然状态下，几乎所有社区事务都在法律、法规和行政规定中有明确规定。这些看似笨拙的法律法规反映了居民的需求，并表明社区服务体系是以居民的需求为导向的。在目前城市社区治理主体中，政府组织的力量强大，而社区自治组织的力量薄弱。在现阶段，居民委员会和非营利组织尚未充分发展，无法执行社区治理的相关任务。行政主体充分尊重居民自治权利，在社区管理过程中逐步改变公共机构的身份，并加强居民委员会和其他非政府机构的作用。例如，为了落实为人民服务的原则，居民委员会在适当时候认识到社区居民的需要，并解决相关问题，以帮助人民群众提高生活品质。居民委员会可以组织一些唱歌、跳舞和艺术活动，加强居民与社区的联系，或者在社区内开展与最新法律法规或国家政策有关的活动，以提高社区居民的法律意识。

第三，完善社区治理的法律制度。目前，我国城市社区的规章制度还不够系统、不够完整、不够明确，分散在一些法律法规中。因此，为了提升城市社区治理效果，我们必须制定具体的法律法规和地方城市法规，并建立更完善的制度来调整城市社区所有参与者的潜在利益冲突。因此，进一步完善法治，为城市社区的管理提供法律保障，是社区治理法治优化的一个重要环节。要在立法中充分体现政府权力制约原则和社区自治原则，即在政府管理着社区自治模式，政府的有形之手也活跃在社区自治模式中。但是，总体而言，社区自治的法律制度应强调社区自治，充分发挥公民对社区治理的积极性，使社区居民积极反映其民主意愿，提高他们对社区决策的参与度，并有效地实施自治。也要坚持"以人为本"的社区治理原则，并强调人的主体性。每个社区发展计划和社会服务项目都是根据社区居民的实际需求来定义、设计和确认的。我国城市社区建设应遵循以人为本的理念：在社区治理法治优化过程中，要加强司法制度建设，充分体现群众参与的权利，依法提出相关规范和监督实施情况，尊重群众在社区管理中的主体地位。制定行政主体与居委会的关系规则，明确政府与居委会的权责，逐步弱化居委会的行政职能；制定和完善关于公民自治的立法和行政规定，根据当地的政治、经济和文化特点制定不同的治理规范；积极动员社会力量，动员社会民众的主观能动性，推动社区治理法治优化工作不断推进。

第四，推动各方力量参与社区治理工作。社区自治机构在治理中发挥主导作用，而国家、非政府机构、私营公司和居民都在社区治理中发挥一定作用，也在不同程度上参与社区管理。这意味着社区管理需要多主体的联合行动，不能完全依赖单一的政府机关或社区机构。目前，我国社区机构和非政府机构仍处于起步阶段，无法形成一个较为规范有效的运行体系，作用很小、参与模式没有深度，也没有制度和法律保护。因此，城市政府的治理一方面必须发展社会和非政府组织。例如，政府可以通过一些税收政策支持不同的专业组织，并鼓励它们专注于社区服务。另一方面，要千方百计增强社区居民的主人翁意识，充分调动群众的主观积极性，采取自愿性措施、公益性措施等手段，扩大公民参与社区治理的机会，使公民逐步养成参与社区公共事务管理的习惯。

一、规范社区治理权责运行体系的目标引导

权责制度的建立应当兼顾法治原则和高效便利的原则，全面实施相关文件要求，在权责清单中进一步明确每项基层事项的名称、实施主体、事项来由、处理依据、操作流程、公开公示制度和责任追究办法。在建立基层权责清单的同时，对于与人民利益相关，符合相关制度要求的基层治理事项，通过特殊的清单进行明确，保证基层社区治理运行的规范有序，通过权责清单制度的建立推进权责运行体系的完善。

权力运行的公开规范机制建立的前提是权责清单的建立，按照权责清单的内容、制度和运行流程，对权力运行的相关事项进行公开，不断创新权力运行公开规范机制的途径，通过方式和手段的创新促进权力运行公开规范的建立和完善。坚持在基层治理中党务、居务定期公开，真正做到尊重社区居民在基层社区治理中知情权和参与权，在居务公开的过程中规范权力运行的过程，保障基层群众的监督权，让基层社区的权力在公开规范的法治轨道上运行，健全权力运行公开规范机制。

此外，还应通过保持监督渠道的畅通，保障居民在监督过程中的参与权。通过多方面监督力量的整合，保证监督力量能够始终发挥作用。通过构建群众、基层群众自治组织和基层政府有机统一的监督体系，实现各方监督力量的整合，形成权力监督合力。各个基层社区应当畅通监督渠道，积极公开权力监督的联系电话和联系人。上级政府对于基层社区权力运行的过程进行监督，发现问题，督促相关责任主体及时整改。探索建立重大事务审核机制、基层领导干部重大事项报告制度以及居务工作绩效考

核评价机制。在基层治理的过程中，各个部门和参与主体要根据相关法律和法规，明确各自的职责，深化基层党务公开以及基层居务公开，通过将财务记账上移不断完善基层组织的核算监督和审计监督机制，不断加强对基层组织权力运行的监管。通过权责清单的建立完善权力运行违法违规追究问责机制。各个基层社区应当根据各自的治理实际，不断完善在基层权力运行过程中违法违规行为的追究问责机制，并将对违反权责清单的事项的处罚纳入追究问责的过程。通过重点突破实现追究问责机制整体效能的提升，努力解决在基层治理法治化的过程中基层干部廉洁履职方面的问题，具体的关键工作主要有规范确立、过程把控、事后救济和责任追究。

二、规范社区治理权责运行体系的实现路径

一方面，在基层治理法制化的过程中要明确相关工作的责任主体，通过相关的法律法规和权责清单明确权力运行过程中的责任主体，各个基层组织的"一把手"、最主要的推动者和责任人，应当主动担负责任主体和监管主体的责任，严格遵守法律法规，在法治轨道上行使权力，通过制度规范权力运行的过程，将是否能够遵守法律，是否能够通过法治方式解决问题作为领导干部年度工作考核评价的重要内容，让是否具有法治意识和法治思维真正成为影响领导干部的重要因素，促使领导干部努力提高自身的法治能力。社区级组织是推进基层权责清单、规范工作的主要执行机构。社区党支部、居委会要充分发挥领导作用，负责落实权责清单；各级纪委是监督社区居委会职权运行的专门机构，应当主动发挥监督职责，发现问题及时督促责任人答复和整改，重大

情况及时向上级行政部门、纪检委员会或有关部门报告。

另一方面，强调宣传引导，将关涉社区治理的小微权利义务清单纳入社区干部定期培训计划。要充分利用电视、广播等新闻媒体，充分利用社区公告牌、广告横幅等载体，广泛宣传权责清单的内容。重点探索各单位落实权责清单的良好经验和现实路径，及时将相关的良好经验和做法转化为制度成果，努力健全街道、社区权责清单规范化运行体系。注重工作效率，及时解决街道、社区级权责清单运行中发现的不足，有效缩小居务权力暗箱的运行空间，建立以规范制约权力运行为核心的民主决策、管理和监督机制。

第三节　培育社区多元共治的内生秩序

一、建立社区治理多元共治内生秩序的现实逻辑

改革开放四十余年来，社会方面的转型使我国城镇人口逐步超越农村人口，依法治理逐渐深入人心，原本基于单一行政主体的治理模式逐渐向多元共治、依法行政的治理模式转变。同时，在特殊历史条件下形成的改革举措逐渐成为刚性制度，使得社会分配结构的转变困难重重，碎片化的治理政策使得局域性的改革举措难以继续进行。在当前时期，制度转变、环境污染和资源浪费问题已经成为制约我国经济发展质量提高的重要问题。这也使

得建立在法治基础上的多元主体共同治理模式成为中国经济得以继续高速发展的必由之路。

法治的治理是一种法律统摄下各个主体相互制约的治理方式，政府在其中不再具有绝对性的优势地位，而是需要在法律的框架下更多地向其他主体寻求合作以达到治理目的。法治化的治理要求也内蕴着多元主体共同参与治理的方式。政府自身的机构改革和职能转变也为多元市场主体以及多样化的社会组织进一步增强独立性和完善功能性提供了空间。政府自身的改革不断向纵深方向发展，简政放权成为政府工作的重点。权力清单制度的逐步建立并向社会开放，对非行政审批事项进行清理以及对一些行政审批事项进行取消和下放已经成为常规化的政府改革内容。政府的职能转变为社会组织产生更加深刻的职能转变提供了空间，创造了良好的制度环境。要让市场在资源配置中从发挥基础性作用到发挥决定性作用。一方面，政府要将机构改革和职能转变继续深化，减少对经济活动的干预，尊重社会组织的独立性，并为其更好地发挥作用创造外部条件；另一方面，政府应当努力用合理的方式消除自由的市场经济下经济运行产生的各种负面影响。在市场经济不断发展的同时社会组织在数量、内部结构创新能力以及管理能力方面不断进步，各种组织间的联系网络和合作结构逐渐形成。社会组织在数量增长的同时，参与社会治理的能力和意愿也不断增强。不断强化的社会治理法治化要求也需要社会组织更多地参与社会治理，这时就需要为社会组织创造更加友好的环境，促进社会组织更好地发挥其服务效能。在政府、市场和社会组织三者共同发挥治理效能的背景下，以政府为主体的单一的治理体系已经无法适应社会治理法治化的要求，在法治化框架下，政府、市场和社会组织构成的多元主体相互合作，共同推动社会治理进程的社会治理模式成为社会发展的迫切需要。这种合作体系在基层社区治理中显得尤为迫切。

通过梳理我国过往的治理历程，可以发现基于法治的多元主体共治体系是我国在治理实践中产生的要求。通过一系列的制度建设和事件促进，我国在应急管理方面逐渐形成了由政府主导的社会协同处理结构，参与突发事件应急处理，社会组织在其中具有重要地位。在分级负责、相互协同的突发事件应急处理机制中，政府发挥结构性的支撑作用，中央政府统筹全局，地方政府统一指挥。各种社会组织发挥重要的补充和协助作用，在资源调配、人员支持等方面具有独特作用，并对应急防控提供专业化的建议。此外，在社会治理的其他领域，如环境改善、雾霾治理、扶贫互助以及食品安全等与社会公众有紧密联系的领域中，社会组织也发挥了重要的作用。

基层社区作为我国社会治理的末端触角，在法治化的过程中充分发挥社会组织的重要作用对于提升治理能力具有重要意义。法治化的治理要求也需要有更多的社会力量与基层政府一起分担治理任务。政府不能再像之前那样对于所有的治理事务发挥主导作用，政府发挥职能的过程需要在法治轨道下进行。法无授权不可为的法治要求在规范政府权力行使的同时，也让政府无法直接介入社会生活的很多领域。这时社会组织在法律上的独立性就为其参与社会治理创造了条件。社区作为社会治理的基层单位，各种事务繁杂琐碎，同时这些事务又关乎民生，因此不仅需要处理得当，而且需要处理及时。社会组织以其法律地位的独立性和联系的广泛性可以为政府在法治框架下的治理空白提供充分的补充，让基层治理的过程能够在符合法治要求的前提下充分达到灵活性和及时性的要求。在这个意义上，充分调动社会组织的积极性，为它们充分参与社会治理的过程创造良好的外部条件，以使社会组织充分发挥治理效能是社区治理法治化的必由之路。

二、建立社区治理多元共治的内生秩序的现实路径

充分发挥社会治理的效能首先要不断完善市场经济体制，赋予社会组织独立的法律地位，避免政府对于市场经济活动的不合理的干预。其次是加强政策扶持力度，尊重社会组织在市场经济活动中独立的地位，为社会组织发挥作用创造良好的外部环境，加强相关配套政策的制定，为扶持政策的落地提供良好的制度环境。加强财政扶持力度，运用税收手段为社会组织减负减压，提高其参与经济活动的积极性。最后是完善相关立法，规制社会组织的不合理的行为，为社会组织参与社会活动提供正确的引导，维护正常的市场经济秩序。

目前，我国仍然是以行政治理结构为主导的社区治理模式。在实际的城市社区治理中表现为：上级行政主管部门对党和政府最基本的机关，即街道办事处（街道办），下达行政命令。然后街道办将上级的要求传达给社区居民委员会，居民委员会再通知社区居民和其他非行政机构。一方面，这种管理结构将导致公共资源的单向转移和利用。城市社区公共利益资源由党和政府部门控制，行政部门成为唯一的管理机构，而社区居民和其他部门则沦为管理对象。另一方面，城市社区居委会、社区居民和社区非政府组织之间也存在着类似的领导和被领导关系。这导致社区治理结构的不平衡和不稳定，不能真正实现城市社区居民在治理中的主导地位。随着城市社区公共事务的日益复杂，党政部门的工作量也越来越大，使得法治在社区治理中的实施成为不可能。

根据我国城市社区管理的实践，有必要调整现有的城市社区

自治结构，建立以合作共治为基础的社区治理结构。社区治理的主体从政府和党委延伸到居民委员会、社区住户、社区房地产公司和社区福利机构。社区管理的对象是公共事务，包括社区环境、社区秩序、社区文化等，丰富的社区治理手段包括合作、引导、参与等。

改善党和政府对社区治理法治优化的领导，完善以党组织为核心的多元主体法治化治理体系。

第一，首先是加强党和政府在社区治理中的服务倾向。强化指导社区工作的政府机关的服务职能，积极创建服务型政府，使地方政府能够为居住区居民提供服务。积极提供全面优质的社区管理服务，包括居民日常生活需求、就业等服务，更好地协调社会资源，提高人民对国家和政府的满意度，改善政府与人民的关系，提高社区管理水平，构建和谐社区。党与政府、社区组织的关系表现为指导与合作。推动党政部门和社区自治组织领导关系向导向型、合作型关系转变，将社区居委会从非规范的行政角色中分离出来，回归宪法规定的自治组织属性。建立党政部门与居民社区委员会的指导与合作关系，使城市居民社区委员会更加关注城市。社区自治组织工作效率较高，政府部门应当重视它在社区治理过程中发挥的作用。在遵守法律规定的基础上，居民委员会由社区居民共同选举的代表组成。居民委员会负责处理该地区的社区自治相关问题。社区居民有权罢免不履行职务的居委会成员。城市社区党委应在不损害社区居民利益的前提下，确保与辖区内其他自治机构联合，以社区党委为核心，领导相关机构，平衡各方权益，共同管理城市社区日常公共事务，定期向社区居民通报社区治理工作的进展和成果。

第二，优化党的组织领导形式。随着民主政治的发展，党支部的领导作用不断增强。需要明确的是，党组织在社区管理中的作用是把握全局，把握大原则，而不是干涉具体的管理问题，应以管理者的主观认识为控制对象，在决策中发挥控制作用。社区党支部要监督和指导社区的民主决策，按照对党和人民群众负责的态度和立场，为实现社区居民的共同权益，推动党的政策和主张在基层治理中得到充分落实，并将保护民主权利与人民群众的切身利益结合起来。党组织还应坚持社区工作实践，善于收集民意，指导自治组织改进决策，宣传和发展党的政策建议，加强社区居民和社会各界力量的凝聚力，夯实执政党的基础。如何充分发挥党员领导示范作用？一方面，对各类党员实行分类管理，体现各类党员的积极性和创造性。要发挥社区全体党员的先锋模范作用，就必须充分考虑现有社区党员在就业形式、思想和身体条件等方面的差异，充分利用他们的专长，激发社区党员的责任感和荣誉感。另一方面，要努力搭建服务社区党员的活动载体和桥梁，搭建社区党员发挥作用的平台。建立党员专责服务站、党员志愿服务队等组织，为党员发挥作用搭建平台，把党的领导纳入社会的各个领域，提高群众的认识，加强组织联系，使群众更加团结。

第三，强调党的基层组织的自我建设。在社区党建工作中，不能只停留在号召和宣传上，而要做好城市社区党建工作。"以人为本"提升服务意识，建立流动党员参与社区党组织生活的有效运行机制，使流动党员对当前社区产生亲情。社区党委也可以开展"一个接一个"的活动，由生活条件良好、技术熟练的党员帮助有需要的社区居民。同时，要投入资金，保证社区党组织活动的顺利开展，加强社区党组织与其他基层党组织的联系；优化党的基层组织建设，完善党的组织网络，努力扩大党的组织覆盖面。

此外，还需充分发挥社区自治机构在社区治理法治优化过程中的重要作用。社区自治组织包括物业管理等营利性组织和非营利性组织。行政部门对城市社区的管理模式由领导型向指导型、管理服务型转变，可增强城市社区的自治能力。同时，城市社区自治组织具有更大的自治性和主动性，不仅可以促进城市社区治理主体向多元化方向发展，也有利于营造一种扩大社会功能、弱化政府全面管控的氛围。政府应对治理主体的权力进行明确划分，尽力保证有权管理城市社区的部门之间的权力分配是明确的。国家机关不得干预社区管理工作，必须在法律规定的权限范围内对社区管理工作给予指导和支持。社区居委会作为社会治理的重要主体，既不能丧失自治的属性，也不能完全无视政府的政策大局。城市社区自治组织具有群众性，一方面可以促进社区事务的发展，另一方面也可以监督社区居委会的工作。城市社区居民既是管理者，又是监督者，既可以向社区居民委员会提出合理的建议和要求，又可以监督社区居民委员会和社区自治组织的工作。

首先，在城市社区建设中，社区居民是社区自我管理体系的核心。用居民的积极参与程度来衡量城市社区的治理水平是非常重要的。但从目前的情况来看，城市居民参与社区治理的情况并不乐观，很多人的自治意识和政治参与意识淡薄。这主要是因为社区居民长期处于被各级国家机关管理的地位，没有真正树立当家做主的观念，缺乏主动行动的意愿。如何增强社区居民的自觉行动意识，有效提高社区民主水平，可以从以下两个方面入手：一是完善居民民主参与社区自治的渠道。在社会生活中，群众聚在一起生活，因此，有必要构建公共事务共同管理的平台和渠道，建立公开、公正、合理的机制。二是完善政务公开机制。社区自治组织在管理工作中，应当主动及时地向社会公布有关信息。使居民能够方便地获得相关政策和法律。在这方面往往城市社区做得更好，这是因为大多数城市社区都有开放的社区信息栏目，经常传递居民的利益信息，但从宏观上看，社区的外部信息渠道并不畅通，发布内容不完整，更新频率不高。因此，为了更好地保障社区居民的民主参与，有必要将社区信息公开制度化。

其次是建立城市社区居民参与社区活动的运行机制。这可以有效地解决社区矛盾，增强居民对社区居委会和社区组织公共管理能力的信心。现在的问题是，许多社区居民参与社区活动仅仅是基于切身利益，而且这些活动往往是无规则的，没有固定的形式。因此，应规范城市社区居民参与社区活动的机制。建立奖惩机制，制定实施细则，使居民参与社区管理更加客观规范。

最后是建立志愿社区服务的程序和指南。制定居民参加志愿服务的方式和规则，制定明确居民参加社区服务的法律，确保居民参加社区服务是以法律为基础，受法律保护的，使居民能够依法参加志愿服务活动，保证志愿服务活动的有效性，提高公众对社区事务的参与程度。目前，我国只有广东、福建、浙江等经济发达地区有地方性的志愿服务法律法规，用来防止志愿者权益受到侵害，这值得其他地区学习和效仿。新时期我国城市社区法治虽然面临着新形势的考验，但也为城市社区的发展开辟了新的机遇。这就要求我们在推进城市社区治理法制化的过程中坚持马克思列宁主义哲学思想。在积极借鉴发达国家和地区良好做法的同时，结合中国和部分地区的实际社会环境和发展优势，学习贯彻党的十八届四中全会和十八届五中全会精神，探索进一步加强我国城市社区法治的有效途径，为国家治理的全面现代化提供良好的社会基础。

第四节　推动社区多维领域综合治理

　　加强社会保障综合管理是解决我国社会治安防控问题的根本途径。应当坚持防治结合、预防为主、小组协作、依靠群众的工作方针，深入推进社会保障综合治理，努力建设安全可靠的社会秩序，确保人民的安全和福祉、社会稳定和秩序，确保国家的长期稳定和安宁。依法从严打击严重犯罪，保障人民群众的生命财产安全，打击暴力、恐怖、犯罪、邪教、赌博等违法犯罪活动，对于各种有组织的犯罪必须依法严惩，不能允许它们形成势力。完善社会保障三维防控体系，着力构建党和政府主导的社会保障三维防控体系，坚持协调治理，部门负责、社会协调、全民参与，完善以源头防控、动态防控为主的社会保障三维防控网络，通过重点防控、科技防控、网络防控有效预防和解决影响社会稳定的问题。开展基层安全示范创建活动，深化重点社会保障领域检查整顿。在安全生产方面始终坚持最严格的安全生产制度，通过法治手段加强对危害食品药品安全、影响安全生产等重大问题的管理，突出解决破坏社会秩序、破坏网络安全等犯罪行为。完善严重精神病患者和其他特殊群体的治疗管理机制，有效解决影响安全的突出问题，保证人民群众稳定安宁的生活。加强互联网管理，依法维护网络秩序，完善网络安全管理体系，全面落实网络实名制，促进网络运营商和服务主体履行法律义务，推进网络空间诚实守信体系建设，营造健康、积极的网络环境。强化信息技术网络安全管理基本制度建设，打击网络违法犯罪，努力维护网络社会安全。

　　社会治安防控体系是一种社会控制手段，也是国家对社会生活进行管理和规范、建立稳定的社会秩序的手段。在 2001 年中共中央、国务院出台的《关于进一步加强社会治安综合治理的意见》中，第一次明确提出了社会治安防控体系这个概念。理论界也由此对这一概念进行了系统的研究，并逐渐形成了关于治安防控体系较为具有公众认可性的概念表达：社会治安防控体系是指在党和政府的领导下进行的一种社会规范活动，公安机关是这一活动的实施主体；维护公共安全，保障社会秩序稳定是这一活动的实施目标；实施这一活动，包括以科学化的方法对治安防控手段和社会资源进行整合，通过综合性的措施运用和手段实施，对危害社会治安秩序的行为进行有组织的系统化控制工程。

　　通过对概念的研究，可以看出社会治安防控体系与以往的防控手段最主要的区别在于系统化和体系化。在这一体系下，各种社会资源和防控手段以一种科学化的方式被整合为一个整体，互相联系、互相促进，形成社会治安防控的合力，共同推动社会秩序平稳有序进行这一目标的实现。

　　社会治安防控体系的建立运行与法治化的社会治理要求有深刻的关系。党的十八届三中全会对于全面深化改革进行了重点研究，提出要加强社会治安综合治理，创新立体化社会治安防控体系。党的十八届四中全会重点关注依法治国，通过了《中共中央关于全面推进依法治国若干重大问题的决定》，在社会治理领域提出了要完善立体化社会治安防控体系，通过立体化的社会治安防控体系有效防范化解管控影响社会安定的问题。从此时开始，社会治安防控体系的建设逐渐进入依法治国的国家顶层设计的视野，成为法治社会建设的重要组成部分。因此，社会治安防控体系建设需要按照依法治国、建设法治国家的要求进行建设。在党委的领导下，运用法治理念和法治方式推动治安防控手段更加规范、治安防控体系更加完备，实现社会治安防控体系的立体化和综合化。从这个意义上说，法治是社会治安防控体系的重要保障。法治对于社会治安防控体系建设提供的保障作用不应只理解为通过法律条文保障社会治安防控手段的实现，而是应当理解为通过法治建设保障社会治安防控体系建设。这种从保证手段实现到保障体系建设的变化是一种从工具主义保障到理性主义保障的转变。法治建设不应当只是保证法律规定能够得到实施，还应当包括通过法治建设推动制度建设，整合各个领域的资源，共同推动社会治安防控体系目标的实现。同时在法治建设的过程中，创造尊崇法治，遵守规则的社会认同，为社会治安防控体系建设提供外部环境保障。在我国人民代表大会制度的政治制度之下，法律是人民利益的体现，立法活动在本质上是立法机关通过行使职权将人民的意志转化为规范性的法律规范，并通过国家强制力保证实施。社会治安防控体系建设要依据的法律法规是人民利益的体现，此处的"人民利益"，也就是公众能够从这一防控体系中获得安全稳定的生活。

一、完善治安防控相关立法，为治安防控体系优化提供制度支持

权力的运行具有法律上的依据是法治的重要特征和目的，具有合法性是社会治安防控体系建立的前提和基础。因此，建立稳定有效的治安防控体系首先要健全立法，为后续的防控行为的实施提供法律上的依据。社会治安防控体系建立所要依据的"法"可以是全国人大及其常委会制定的法律，也可以是行政法规以及地方政府制定的地方性法规，只要是在我国具有正式法律地位的

法律和法规都可以成为此处的"法"。对"法"的内涵进行扩大解释和广义理解的意义在于兼顾法治"法无授权不可为"的要求以及治安防控突发性和复杂性的特点，这种做法有利于在法治框架内灵活处理各种突发事件，使治安防控体系更加具有灵活性。

社会治安防控体系的建立需要多方参与，整合社会各方力量。在这个有各方参与的共同体中，明确参与主体，理清权责归属，对于更好地发挥各方力量具有重要意义。明确主体应当在法律上对于各方参与主体进行确认，确保组织者和参与者都具有法定的主体资格，保证整个体系的合法性。在现有防控体系中的主体主要包括党委、行政机关以及人民群众等。其中党的领导在于宪法序言中规定的党作为国家各项事业的领导者的地位。行政机关的参与力量主要是公安部门，其合法性来自《中华人民共和国人民警察法》第 2 条："人民警察的任务是维护国家安全，维护社会治安秩序，保护公民的人身安全、人身自由和合法财产，保护公共财产，预防、制止和惩治违法犯罪活动。"我国是人民民主专政的社会主义国家，国家的一切权力属于人民。在宪法中也明确了公民有参与国家管理和参政议政的权利，因此也具有参与社会治安防控体系建设的主体资格和合法性。

在基层治理法治优化的过程中，由于我国社会的快速发展，各种社会组织也逐渐参与到社会治安防控体系建设的过程中，这些社会组织作为沟通党委、政府和群众的媒介，在社会治安防控体系建设过程中具有重要作用。但是相关法律缺乏对其法律地位的承认和明确，或者规定得较为模糊，对于社会组织在社会治理中的地位及其权责归属没有明确的规定。在社区治理法治优化的过程中，应当着重解决社会组织的法律资格问题，尽快明确社会组织参与社会治安防控体系建设的法律地位，为让社会组织更好地发挥社会治安的作用提供主体的合法性。

　　规范手段是指社会治安防控体系的建设要符合法律的规定，确保治安防控采取的手段的合法性。例如，社会治安防控对于科技手段有了越来越高的需求，视频监控对于治安防控、防范和查处违法犯罪具有重要意义。但是这种科技手段的大量运用也可能会对用户的合法权益产生侵害，因此应当通过法律手段对科技手段的运用进行规范和限制，在预防和查处违法犯罪之外不能任意调取相关资料，防止科技手段的运用侵犯公民的合法权益。手段的运用也应当符合比例原则。手段的采取应与目的相适应。

　　在法治社会中，程序具有独立的价值和意义。程序的正义与结果的正义有着内在的关联。程序符合正当性的要求能够促进形式正义的实现，维护客观和公正，确保法治的实现。社会治安防控体系建设需要遵循的程序的主要规定在《中华人民共和国刑事诉讼法》和《中华人民共和国治安管理处罚法》中，在社会治安防控体系建设的过程中应当严格遵守相关法律的规定。对于程序的尊重主要体现在两个方面。首先要保障相关主体的知情权和参与权。综合化的社会治安防控体系要求公众和相关组织不再是被动接受管理的客体，而是能够通过程序的双向构造，让各方主体以行使合法权利的方式主动参与到社会治安防控体系的建设过程中。积极吸纳各类主体参与到社会治安防控体系的建设过程也是综合化的社会治安防控体系建设的必然路径。知情权和参与权的充分保障是各类主体能够参与社会治安防控体系建设的前提。只有充分保障公民、法人和其他社会组织的知情权和参与权，让公民、法人和其他社会组织的权利能够得到法律上的确认，各方参与、共同建设的综合化社会治安防控体系才能形成。对公民、法人和社会组织知情权和参与权的保障需要通过对程序和规定的遵守实现。此外，还要充分保证回避程序的落实。在治安防控的过程中，防控主体遇到与自身有利害关系的事项，应当主动申请回

避，退出治安防控活动，避免治安防控的行为结果因为利害关系
与公平正义的要求发生偏离，从而保障社会治安防控体系的公平
与公正。回避制度作为程序正义得以实现的重要内容，其落实不
仅要依靠防控主体主动申请回避，还应当通过制度建设进行保
障。在社会治安防控的各个环节都应当通过相关机制对治安防控
的参与主体进行相关利害关系的审查，畅通利益相关者对于相关
人员是否应当回避进行建议的渠道，以制度建构的方式确保回避
制度的落实。

二、政府发挥指导作用和监督作用

　　多元共享治理模式是倡导多主体共同参与治理的模式。以环
境治理体系为例，党的十九大报告中提出的"建立政府为主导、
企业为主体、社会团体和公众共同参与的环境治理体系"的思路
与多元共享治理模式非常吻合。

　　在多元共享环境治理模式下，政府的根本作用是制定和执行
治安防控法律政策，调整和优化环境监测组织体系，披露治安防
控信息；开展治安防控宣传教育、环境监测和环境报告，为参与
社区生活秩序维系的企业、社会组织和公众提供相应的制度设计
和政策保障。全球治理的经验表明，治理并不意味着政府的退
却，强大的政府正是确保治理有效性的基本条件。强调治理并不
意味着减少或削弱政府在社会治理中的作用。从现代国家的发展
趋势来看，政府职能中发展最快的部分是监管职能。虽然现代政
府已不再依赖传统的监督和执法手段，而是更多地转向多元化、
社会化、市场化手段，但来自政府的直接治安防控监督指引仍然
发挥着主导作用。监管和执法机构仍然是改善社区治安环境的主

要驱动力，而有效的治安环境监管是良好社区生活秩序的基础，政府治安监管体系是社区治安防控体系的基础和核心。由于发生在社区中的治安案件较为繁杂，不可避免地要借助一些技术手段，需要在知识和专门知识的基础上进行事前和事中干预，公民和非政府组织往往缺乏这种专门知识，必须依靠政府设立的专门监管机构来承担相应的监管责任。世界各国的治安防控实践表明，政府专门监管机构在打击违法犯罪、维护社会秩序方面一直发挥着具有基础性意义的重要作用。但随着现代环境法律制度的完善和非政府环境组织能力的不断提高，只有当其他专门的政府监管机构的作用开始显现并体现在制度中时，非政府环境组织的作用才得以体现。多元共享环境治理模式旨在形成政府、市场、社会和公众共同参与环境治理的模式，发挥协同作用，但同时也必须摒弃和警惕"国家分权"的趋势。这种新的治理模式意味着改变政府在社区治安防控过程中的方式、手段和干预程度，所以应强化政府作为权威治理主体的元治理功能，以避免多主体协作带来的无序现象。同时，还应避免多主体参与导致的效率低下和无序，构建更具包容性、适应性和有效性的环境治理新模式，有效增强环境治理的"系统执行力"，提高打击犯罪和维护秩序的现代化水平。

三、社会组织和公众发挥基础作用

在现代的治安防控工作中，政府的社会维持职能越来越依赖于社会法律的执行。例如，群众可以举报在社区生活中发现的违法犯罪行为，非法组织内部的个人可以向公安机关报告该组织的违法行为。我国的宪法和法律一直保护群众对社会生活的知情权和参与权。在相关法律以及一般规定中明确规定"公众参与"的原则，并对群众知情权和参与权的行使进行了具体规定。在国家的相关规范性文件中也对在法制轨道下不断推进治安防控工作进行了明确的规定。

治安防控关乎社会稳定，是影响社区公众生活安宁的最重要的因素。治安防控工作最终的服务对象是公众，最有力的助手也应当是广大人民群众。只有充分调动群众在治安防控中的积极性，才能真正织密治安防控的网络，让社区治安防控的触角触及社会的各个角落。

社会公众因为广泛性以及自发性成为社区治安防控的重要力量。但是广大群众自身缺乏参与治安防控工作的专业技能，也没有进行系统的治安防控工作的组织能力。社会组织的组织能力和教育能力在治安防控工作中的重要意义在这时显现。通过社会组织的组织和教育，广大群众与政府能够实现连接。政府的政策可以通过社会组织触及群众，群众的诉求和建议也可以通过社会组织让政府了解。群众在社会组织中可以得到较为简单的培训，并因此适应社区治安防控工作的需要。社会组织作用的发挥需要社会环境的支持，首先是法律地位的确认，社会组织的地位应当在法律上得到确认，明确社会组织的权责。其次是营造认可社会组织地位和作用的社会氛围，这需要政府在宣传引导方面加大投入，同时应当对社会组织的行为进行规范，使得社会组织能够在法治轨道上进行活动。社会组织能够真正为社会做出有益的贡献，自然也就能够得到社会公众的认可。最后是加强政策保障和财政扶持力度。社会组织很多都是非营利的机构，需要政府的财政补助给予支持。因此，需要政府加大投入，在资金和财税方面为社会组织提供支持。

四、企业发挥重要的补充协作作用

企业作为市场主体，是社会的重要有机组成部分，在资源保护和环境治理中承担着不可或缺的重要责任。这一责任是指企业积极运用科学技术进行科学生产和管理，保护生态环境的社会责任。在追求自身利益最大化的同时，节约自然资源，维护环境公共利益。企业必须充分发挥环境治理的主导作用，为环境保护工作提供持续的内生动力，才能有效地发挥环境治理的多重共享治理模式的作用。促进企业角色从传统的受监管、受监督和被动的法律遵守者转变为积极、自律和守法的社会治理参与者。从而突出公司在环境治理中的主体地位，最大限度地提高公司独立治理和契约治理的效率。以环境治理为例，作为环境治理的积极参与者，企业应主动将节约资源和保护环境纳入其生产经营决策，在保护生态环境和追求经济利益之间取得最佳平衡。树立良好的社会形象，增强品牌影响力和企业社会竞争力；企业作为环境治理的自律主体，在生产决策和管理过程中必须积极顺应社会发展形势和环境保护法律、政策的要求。采取灵活多样的自律方式，弥补政府监管的不足，降低政府监管成本，提高企业自律的效率和成效。企业作为环境治理的积极守法者，必须改变传统环境治理体系中被动守法者的角色，增强企业的守法主动性。主动践行绿色发展理念，充分尊重和考虑利益相关者的环境权益，推动企业利益与环境利益的平衡协调，实现人与自然的共同发展。

五、各个主体在政府指导下实现合作与互动

在多元共享治理模式下，政府、企业、社会组织、公民等多元化主体在治安防控体系中共享资源、共享信息、共同行动，在共同合作互动的基础上，采取一致行动，一起推动社会治安防控体系的健全。多元共享治理模式中的不同主体通过合作互动确立治安防控体系优化的统一性意识和维持社会秩序的共同目标，其本质是基于公共利益的合作。市场原则和平稳安定的价值认同，形成了以合作和信任为基础的新权威，成为推动不同主体间持续合作的动力。多元共享治理模式下的主体间合作互动已成为一种正常的治理模式，但考虑到我国社区治理的特殊阶段和面临的新形势、新要求，权威治理依然有发挥作用的空间。也就是说，多元化的主体共同治理模式下的合作互动是以权威治理为基础的合作互动，其实质是"多主体实现公共事务治理的动态过程"。这种合作与互动在很大程度上是治安防控的战略规划，是对政府权威治理的补充。

当然，不同行为者之间的合作和互动并不能为复杂的治安防控问题提供简单的解决办法，但基于信任、合作和互动的治理方法往往有助于解决集体行动和监测问题。值得注意的是，虽然合作治理被认为是解决复杂公共治理问题的重要"处方"，但"合作不是万能药，这是决策者和公共管理者必须在预期证据的基础上做出的政策选择"。基于合作的多元共同管理模式能否在实践中取得理想的效果，从根本上取决于共同管理的环境、结构、过程和机制的综合影响。在复杂的社会形势下，只依靠政府对于社会的治安防控工作发挥绝对的主导作用是远远不够的，治安防控

的新形势迫切需要在法治轨道下建立容纳多元主体的合作机制。在这一机制中，政府是主导，群众是基础，社会组织则是重要的补充，也具有连接的作用。

参考文献

埃里希. 法律社会学基本原理 ［M］. 叶名怡，袁震，译. 北京：中国社会科学出版社，2009.

HAYEK F A V. The constitution of liberty ［M］. Chicago：Henry Regnery Company，1972.

詹姆斯·罗西瑙. 没有政府的治理 ［M］. 张胜军，译. 南昌：江西人民出版社，2001.

让-皮埃尔·戈丹. 何谓治理 ［M］. 钟震宇，译. 北京：社会科学文献出版社，2010.

姜明安. 行政法（第三版） ［M］. 北京：北京大学出版社，2017.

马西恒. 社区治理创新 ［M］. 上海：学林出版社，2011：9.

戴维·贾奇，格里·斯托克，哈罗德·沃尔曼. 城市政治学理论 ［M］. 上海：上海人民出版社，2009.

李娟. 行政法控权理论研究 ［M］. 北京：北京大学出版社，2000.

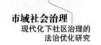

伯纳德·施瓦茨. 行政法 [M]. 徐炳，译. 北京：群众出版社，1986.

周佑勇. 行政法原论 [M]. 北京：北京大学出版社，2018.

戴维·贾奇，格里·斯托克，哈罗德·沃尔曼. 城市政治学理论 [M]. 上海：人民出版社，2009.

亚里士多德. 政治学 [M]. 吴寿彭，译. 北京：商务印书馆，1996：169.

金观涛. 历史的巨镜 [M]. 北京：法律出版社，2015.

马丁·J. 奥斯本，等. 博弈论教程 [M]. 魏玉根，译. 北京：中国社会科学出版社，1900.

魏建，周林彬. 法经济学 [M]. 北京：中国人民大学出版社，2017.

汤建国，高其才. 习惯在民事审判中的运用——江苏省姜堰市人民法院的实践 [M]. 北京：人民法院出版社，2008.

吕元礼. 鱼尾狮智慧：新加坡政治与治理 [M]. 北京：经济管理出版社，2010.

政协诸暨市委文史资料委员会. "枫桥经验"实录 [M]. 北京：中央党史出版社，2000.

郑维川. 新加坡治国之道 [M]. 北京：中国社会科学出版社，1996.

SCOTT，JAMES C. Seeing Like a State：How Certain Schemes to Improve the Human Condition Have Failed [M]. New Haven：Yale University Press.

吴晓林，郝丽娜. "社区复兴运动"以来国外社区治理研究的理论考察 [J]. 政治学研究，2015 (1).

赵岩，孙涛. 国外社区治理研究知识图谱评述：基于近十年 Web of Science [J]. 上海行政学院学报，2016，17 (4).

冉光仙. 无边界价值观管理：新型农村社区治理的竞合与深植［J］. 宁夏社会科学，2022，231（1）.

张文成. 德国学者迈尔谈西欧社会民主主义的新变化与"公民社会模式"［J］. 国外理论动态，2000（7）.

施雪华，孔凡义. 美国社区治理及其启示［J］. 山西大学学报（哲学社会科学版），2008，31（4）.

马卫红. 欧洲国家社区治理模式对我国社区建设的启示［J］. 理论与改革，2007（3）.

朱喜群. 国外城市社区权力研究的理论考察［J］. 国外社会科学，2018（2）.

李建设. 精英主义评析［J］. 国外理论动态，2008（7）.

夏建中. 国外社会学关于城市社区权力的界定［J］. 江海学刊，2001（5）.

王飏. 和谐社会视角下多中心治理理论的启示［J］. 湖南师范大学社会科学学报，2010，39（5）.

刘建军，梁海森. 精英结构及其对国家治理的影响［J］. 中共浙江省委党校学报，2014，30（5）.

谢守红，谢双喜. 国外城市社区管理模式的比较与借鉴［J］. 社会科学家，2004（1）.

贾茜. 创新民族自治地方政府职能模式推进民族地区经济社会发展［J］. 行政与法，2010（12）.

陈团结. 我国城市社区治理法治化思考［J］. 中共成都市委党校学报，2017（6）.

郭祎. 城市社区治理的法治化路径探究［J］. 宁夏党校学报，2015，17（6）.

梁迎修. 我国城市社区治理法治化探析［J］. 郑州大学学报（哲学社会科学版），2014（2）.

章再彬. 推进城市社区治理法治化的对策建议 [J]. 中共南昌市委党校学报，2014，12 (6).

易有禄，熊文瑾. 城市社区法治化治理：目标定位、要素构成及路径选择 [J]. 南昌大学学报 (人文社会科学版)，2022，53 (3).

张文龙. 城市社区治理模式选择：谁的治理，何种法治化？——基于深圳南山社区治理创新的考察 [J]. 河北法学，2018，36 (9).

徐铜柱. 民族地区城市社区治理：特征、困境及对策 [J]. 理论导刊，2007 (5).

张宝成，青觉. 民族地区政府能力体系结构研究 [J]. 国家行政学院学报，2008 (6).

郑春勇，李磊. 民族地区地方政府合作——动因、模式与发展趋向 [J]. 四川民族学院学报，2011，20 (2).

陈玉，王胜章. 少数民族地区公民参与公共政策制定的障碍及实现途径研究 [J]. 云南行政学院学报，2005，7 (6).

李俊清，陈旭清. 我国少数民族地区社会组织发展及社会功能研究 [J]. 国家行政学院学报，2010 (6).

张会龙. 论各民族相互嵌入式社区建设：基本概念、国际经验与建设构想 [J]. 西南民族大学学报 (人文社科版)，2015，36 (1).

来仪. 城市民族互嵌式社区建设研究 [J]. 学术界，2015 (10).

李俊清，卢小平. 各民族互嵌式社会结构建设中的公共治理 [J]. 中国行政管理，2016 (12).

杨鹍飞. 民族互嵌型社区建设的特征及定位 [J]. 新疆师范大学学报 (哲学社会科学版)，2015，36 (4).

曹爱军. 民族互嵌型社区的功能目标和行动逻辑［J］. 新疆师范大学学报（哲学社会科学版），2015，36（6）.

姚珣，张明善，马晓玲. 基于"结构－战略－治理能力"的城市民族互嵌社区治理机制研究［J］. 西南民族大学学报（人文社科版），2018，39（6）.

罗豪才，宋功德. 认真对待软法——公域软法的一般理论及其中国实践［J］. 中国法学，2006（2）.

孙荣，梁丽. 社区法治专员：社区治理法治化的理性认知与制度创新——以上海市杨浦区"社区法治专员"制度设想为样本［J］. 理论与改革，2016（4）.

林磊. 我国社区治理研究范式的演进与转换——基于近十年来相关文献的回顾与述评［J］. 学习与实践，2017（7）.

王木森. 社区治理：理论渊源、发展特征与创新走向——基于中国社区治理研究文献的分析［J］. 理论月刊，2017（9）.

姜明安. 公众参与与行政法治［J］. 中国法学前沿，2007（3）.

周庆智. 论中国社区治理——从威权式治理到参与式治理的转型［J］. 学习与探索，2016（6）.

郑杭生，黄家亮. 当前我国社会管理和社区治理的新趋势［J］. 甘肃社会科学，2012（6）.

郑永君. 社会组织建设与社区治理创新——厦门市"共同缔造"试点社区案例分析［J］. 中国行政管理，2018（2）.

张洪武. 社区治理的多中心秩序与制度安排［J］. 广东社会科学，2007（1）.

徐珣. 社会组织嵌入社区治理的协商联动机制研究——以杭州市上城区社区"金点子"行动为契机的观察［J］. 公共管理学报，2018，15（1）.

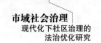
吴晓林，郝丽娜. "社区复兴运动"以来国外社区治理研究的理论考察［J］. 政治学研究，2015（1）.

罗豪才，甘雯. 行政法的"平衡"及"平衡论"范畴［J］. 中国法学，1996（4）.

李广德. 社区治理现代化转型及其路径［J］. 山东社会科学，2016（10）.

姜晓萍. 国家治理现代化进程中的社会治理体制创新［J］. 中国行政管理，2014（2）.

张开云，叶浣儿，徐玉霞. 多元联动治理：逻辑、困境及其消解［J］. 中国行政管理，2017（6）.

冯辉. 判决、公共政策与社会主流价值观——"跌倒争议案"的法理省思［J］. 政法论坛，2012，30（4）.

林闽钢，尹航. 走向共治共享的中国社区建设——基于社区治理类型的分析［J］. 社会科学研究，2017（2）.

沈迁. 党建嵌入社区网格化治理：实践形态、运行机制与内在逻辑［J］. 中共福建省委党校（福建行政学院）学报，2022（1）.

李蓉蓉. 城市居民社区政治效能感与社区自治［J］. 中国行政管理，2013（3）.

叶林，宋星洲，邵梓捷. 协同治理视角下的"互联网＋"城市社区治理创新——以 G 省 D 区为例［J］. 中国行政管理，2018（1）.

马西恒. 理念与经验：中国与北美社区建设之比较［J］. 上海行政学院学报，2011（1）.

王允武. 民族区域自治制度运行：实效、困境与创新［J］. 中央民族大学学报（哲学社会科学版），2014（3）.

徐勇. 在社会主义新农村建设中推进农村社区建设［J］. 江

汉论坛，2007（4）.

何瑞文. 网格化管理的实践困扰 [J]. 苏州大学学报（哲学社会科学版），2016（1）.

郑洲，马杰华. 加强和创新藏区社会管理研究：以拉萨市寺庙管理为例 [J]. 民族学刊，2013，4（3）.

杨建华. 发展社会学研究的困境 [J]. 中共浙江省委党校学报，2014，30（3）.

朱德米. 建构维权与维稳统一的制度通道 [J]. 复旦学报（社会科学版），2014，56（1）.

曹海军. 党建引领下的社区治理和服务创新 [J]. 政治学研究，2018（1）.

孙立平. 社会转型：发展社会学的新议题 [J]. 社会学研究，2005（1）.

丁元竹. 在乡村振兴中重建社区治理共同体 [J]. 行政管理改革，2022（2）.

赵声馗. 多中心治理视角下凉山彝族家支治理经验研究 [J]. 前沿，2009（12）.

赖静，王友平. 凉山彝族习惯法探析——以普雄地区习惯法为重点的考察 [J]. 贵州民族研究，2011，32（5）.

郭秀峰. 凉山彝区社会治理法治化模式之探索——以习惯法与国家法的良性互动为切入点 [J]. 四川警察学院学报，2017，29（5）.

吴元元. 神灵信仰、信息甄别与古代清官断案 [J]. 中国社会科学，2006（6）.

杨亮承，鲁可荣. 城市化进程中城郊型农村社区治理困境与策略选择 [J]. 农村经济，2015（5）.

郭春霞，潘忠宇. 我国民族地区地方治理研究综述 [J]. 吉

首大学学报（社会科学版），2013，34（5）.

何俊芳，王浩宇. 试论现代"汉化"：一个被泛化的概念——以甘肃省天祝藏族自治县为例［J］. 中南民族大学学报（人文社会科学版），2014，34（1）.

倪国良，张世定. 新中国初期藏区基层治理的国家化——以青海为中心的考察［J］. 西南民族大学学报（人文社科版），2018，39（1）.

毛呷呷. 四川彝区农村基层治理存在的问题与对策研究［J］. 西南民族大学学报（人文社科版），2017，38（6）.

傅利平，羊中太，马成俊. 转型时期藏区社会治理机制创新研究——以热贡十二族社区为例［J］. 西北民族研究，2017（1）.

廖林燕. 彝族村社权力的结构、运行及影响——以云南栖村为例［J］. 思想战线，2010，36（3）.

李润国，姜庆志，李国锋. 治理现代化视野下的农村社区治理创新研究［J］. 宏观经济研究，2015（6）.

邵兴全，胡业勋. 企业参与社区治理的角色重构与制度安排研究——基于多元合作治理的分析框架［J］. 理论与改革，2018（3）.

张泽洪. 中国西南彝族宗教的毕摩与苏尼［J］. 宗教学研究，2012（4）.

殷啸虎. 消极法治和积极法治的互动与平衡［J］. 上海市社会主义学院学报，2003（4）.

魏治勋. "消极法治"的理念与实践路径［J］. 东方法学，2014（4）.

魏治勋，白利寅. 从"维稳政治"到"法治中国"［J］. 新视野，2014（4）.

宋功德. 行政裁量法律规制的模式转换——从单一的硬法或软法模式转向软硬并举的混合法模式［J］. 法学论坛，2009，24（5）.

高红，杨秀勇. 美英日社区治理政策变迁的历史逻辑与经验启示［J］. 东方论坛，2018（3）.

吴晓林. 社区里的国家：国家行为的转变与社会传统的底色——以英美国家的百年实践为例［J］. 政治学研究，2022（1）.

隋芳莉. 新加坡社会公德建设的法律规范及其启示［J］. 改革与开放，2015（12）.

王伟进，毕蔚兰，吕少德. 社会治理实践的国际经验及其启示［J］. 行政管理改革，2020（5）.

张文龙：城市社区治理模式选择谁的治理，何种法治化——基于深圳南山社区治理创新的考察［J］. 河北法学，2018，36（9）.

边防，吕斌. 基于比较视角的美国、英国及日本城市社区治理模式研究［J］. 国际城市规划，2018，33（4）.

王晖. 新加坡社区治理经验及启示［J］. 特区实践与理论，2014（4）.

唐晓阳. 新加坡社区治理的经验借鉴［J］. 岭南学刊，2013（1）.

王芳，李路曲. 新加坡社会基层组织建设的经验［J］. 理论探索，2005（2）.

黄晴，刘华兴. 治理术视阈下的社区治理与政府角色重构：英国社区治理经验与启示［J］. 中国行政管理，2018（2）.

王新松. 国家法团主义：新加坡基层组织与社区治理的理论启示［J］. 清华大学学报（哲学社会科学版），2015，30（2）.

吴晓林，郝丽娜. "社区复兴运动"以来国外社区治理研究的理论考察 [J]. 政治学研究，2015（1）.

贾雪池. 法经济学分析方法在法学教学中应用的必要性探析 [J]. 黑龙江高教研究，2009（8）.

张学博. 论《税收征收管理法》第 88 条之修改 [J]. 广西政法管理干部学院学报，2011，26（2）.

关颖雄. 蒙古族环境习惯法流变及其现代化进路 [J]. 贵州民族研究，2016，37（2）.

芦恒. 共生互促：公共性与社会发展的内在逻辑关系探析 [J]. 社会科学，2015（9）.

KEANEY M Class, power and the state in capitalist society：Essays on Ralph Miliband [M]. Springer，2007.

PETERS B G. Governance：A Garbage Can Perspective [J]. IHS Political Science Series，2002（84）.

LAWLESS P，BEATTY C. Exploring Change in Local Regeneration Areas：Evidence from the New Deal for communities programme in England [J]. Urban Studies，2013（50）.

NICHOLS G，TAYLOR P，BARRETT D，et al. Youth Sport Volunteers in England：A Paradox Between Reducing the State and Promoting a Big Society [J]. Sport Management Review，2014，17（3）：337−346.

后　记

　　岁月不居，时节如流。这部专著是我主持的四川省社会科学研究"十三五"规划重点项目研究成果，从课题立项为重点项目到以优秀等级结项，再到图书出版，包含着实务领导、理论专家和业务能手的悉心帮助，蕴含着"市域社会治理"和"社区治理"的法治经验，浸润着不断增强人民群众获得感、幸福感、安全感的长远思考。

　　社区这一微观单元是让人民群众感受治理实效、触摸治理温度、享受治理成果的"神经末梢"。2023 年全国两会期间，习近平总书记参加江苏代表团审议时指出："基层治理和民生保障事关人民群众切身利益，是促进共同富裕、打造高品质生活的基础性工程。"基层治理是国家治理的"最后一公里"，基层社会治理的整体化效能和法治化程度直接关系到人民群众的切身感受。在市域社会现代化的背景下，必须充分了解、分析、熟悉制度生成的土壤。在对社区治理的研究中，我发现许多问题需要研制"中药方"来解决，社区治理的发展与我国法治发展阶段、风俗人情、社会习惯、历史积淀等有着密切的关系。基于此，本书把"加快推进市域社会治理现代化，提高市域社会治理能力"的研究视角聚焦在社区，就是要剖析社区治理的运作方式、双向衔接以及法治优化的路径。

本书的完成和出版，离不开有关领导、专家及各位同仁的大力支持。感谢四川省社会科学界联合会、中共四川省委党校、四川大学出版社等单位的支持，感谢基层一线的街道办、社区有关同志的帮助，还要感谢我的学生——王彦博、王纳、陈义兴、江雪、李旭、黄兴敏、卫云双、梁亚钐、周紫颖、袁新怀，他们对本书调研资料进行了细心的收集整理。

由于笔者能力所限，本著作或有疏漏，诚挚希望各位同行专家与广大读者批评指正！